Jochen Rausch

IM TAXI

Eine Deutschlandreise

Berlin Verlag Taschenbuch

MIX
Papier aus verantwor-
tungsvollen Quellen
FSC® C083411

1. Auflage Januar 2017
4. Auflage Dezember 2019
© Berlin Verlag in der Piper Verlag GmbH, München / Berlin 2017
Alle Rechte vorbehalten
Umschlaggestaltung: ZERO Werbeagentur, München
Umschlagabbildung: plainpicture / Johner / Emil Fagander
Satz: psb, Berlin
Gesetzt aus der Stone Serif
Druck und Bindung: CPI books GmbH, Leck
Printed in Germany
ISBN 978-3-8333-1081-2

Vorwort

Meine erste Fahrt in einem Taxi ist mir unvergessen: Nie zuvor war ich in einem Mercedes mitgefahren. Bis auf das asthmatische Atmen des Pfarrers war es im Wagen vollkommen still, scheinbar lautlos bahnte sich die schwarz glänzende Limousine ihren Weg durch den Verkehr, es schien, als folge das Taxi dem Stern auf der Spitze seiner Motorhaube. Ich trug ein schwarzes Messdienergewand mit weißem Überwurf und saß neben dem Pfarrer im Fond. Das Lenkrad hielt ein schweigender ernster Mann, der dem Pfarrer und irgendwie auch mir beim Einstieg an der Pfarrei die Türen des Wagens aufgehalten und sie auch wieder hinter uns geschlossen hatte.

Dieser ersten Fahrt folgten viele weitere Fahrten zum Friedhof. Ich meldete mich nur wegen der Taxifahrten zu den Beerdigungen, freiwillig lässt sich ein Dreizehnjähriger nicht alle paar Tage die von Tränen begleitete Endlichkeit des menschlichen Daseins vor Augen führen. Ich hätte zum Friedhof auch gehen können, das Haus meiner Eltern befand sich in Sichtweite der Kapelle, trotzdem lief ich eine halbe Stunde zu Fuß zur Kirche, um mich von dort mit dem Pfarrer im Taxi zum Friedhof kutschieren zu lassen. Nach den Beerdigungen dasselbe: Wir fuhren im Taxi zur Kirche zurück – und ich ging zu Fuß nach Hause.

In jenen späten Sechziger Jahren galt Taxifahren als genauso dekadent, wie sich scheiden zu lassen: Gelegentlich ließen sich Männer aus der Nachbarschaft volltrunken von den Eckkneipen im Taxi nach Hause kutschieren, was hinter vorgehaltenen Gardinen kopfschüttelnd registriert wurde. Mit Empörung wurde zur Kenntnis genommen, wenn das kinderlose Amtsratsehepaar aus der Nachbarschaft sich mondän herausgeputzt im Mercedes-Taxi zum Schauspielhaus kutschieren ließ. Nur den Todkranken, die mit dem Taxi zu Bestrahlungstherapien transportiert wurden, galt unser Mitgefühl, zumal die Fahrtkosten ja von der Krankenkasse erstattet wurden.

Die Welt der Taxifahrer blieb mir also während meiner Jugend- und Studentenzeit verschlossen. Später spielte in unserer Band ein Gitarrist, dessen Vater Taxiunternehmer war, ein enttäuschter grauer Mann mit zurückgefetteten Haaren, der als Taxi einen Ford Consul fuhr, was wiederum Kopfschütteln hervorrief, da ein Taxi unserer Ansicht nach von Mercedes zu sein hatte.

Irgendwann verloren die Taxen das staatstragende Schwarz an die Fahrbereitschaften der Politiker und wurden hässlich-beige; die Taxiunternehmer stiegen auf günstigere und zweckmäßige Automarken um. Das Taxi hat den Glanz der frühen Jahre verloren, an den Halteplätzen warten nicht selten erbarmungswürdige Mittelklassekarossen, die mehrere Weltumrundungen auf dem Tacho haben und den Geruch Tausender Fahrgäste einfach nicht mehr loswerden.

Als notorischer Taxinutzer fällt mir heute auf, dass unter den Fahrern kaum noch junge Leute zu finden sind, keine Studenten wie noch bis in die Neunziger Jahre, Frauen sind auf dem Taxi ohnehin eine Seltenheit. Die meisten Fahrer sind mittelalte oder ältere Männer, nicht wenige sprechen ein gebrochenes Deutsch und erzählen gern von den Ländern, aus denen sie stammen. Wenn man es will, ergeben sich in der kurzen intimen Zeitspanne, in der zwei Fremde zufällig in der Enge und Stille eines Taxis zusammenkommen, eilige Gespräche über Familie, Politik, über Deutschland, Musik, Fußball.

Viele dieser kurzen Geschichten hallten lange in mir nach, und mit der Zeit begann ich, Fragen zu stellen und mir nach dem Aussteigen die Antworten zu notieren. Gelegentlich ergaben sich auch Unterhaltungen, die nicht mit dem Erreichen des Fahrziels beendet waren, und die Fahrer und ich führten unser Gespräch einfach weiter. In der anonymen und zugleich vertrauten Situation einer Taxifahrt habe ich viele freimütige Äußerungen gehört, weshalb ich die Fahrer so weit anonymisiert habe, dass Rückschlüsse auf ihre wahre Identität nicht möglich sind. Anders als bei einem journalistischen Interview habe ich mir die literarische Freiheit genommen, das Gesagte aus der Erinnerung aufzuschreiben, zu verdichten und – wenn nötig – sprachlich anzupassen.

Auffällig ist, dass viele Taxifahrer gern ihre Geschichten erzählen und vermutlich auch schon häufiger erzählt haben. Ebenso fiel mir auf, dass kaum jemand das Taxifahren als seinen Wunschberuf angab: Für viele ist es nur ein ungeliebter, schlecht bezahlter Job. »Fahrer und Fahrgast haben eines gemeinsam«, sagte einmal einer, »beide fahren Taxi, weil sie müssen.«

Die hundertzwanzig Geschichten in diesem Buch sind hundertzwanzig Perspektiven auf unsere Gesellschaft, auf unsere Zeit, Beobachtungen, Einschätzungen, Schicksale, kluge oder auch weniger kluge Kommentare. Seit ich an diesem Projekt arbeite, höre ich anders hin und bekam viele erhellende Einblicke in Winkel unserer Gesellschaft, die sonst für mich im Dunkeln geblieben wären. In der Summe erscheinen mir die Taxifahrer wie Seismografen unserer Gesellschaft.

Auch nach mehreren Hundert Taxifahrten bin ich vor jeder neuen Tour noch immer gespannt, welche Geschichte mir diesmal begegnen wird.

Jochen Rausch, Dezember 2016

01

WO ICH HERKOMME
Mainz

Warum fragen Sie, wo ich herkomme? Frage ich, wo Sie herkommen? Sind Sie von der Polizei? Soll ich meinen Ausweis zeigen? Und Taxischein? Ich bin ein Mensch, und meine Mutter hat mich geboren. Da komme ich her. Warum fragen Deutsche immer, wo ich herkomme? Ich frage Fahrgäste, wo sie hinwollen. Sind Sie jetzt beleidigt? Man muss sich nicht unterhalten im Taxi. Ich mache, was der Fahrgast will. Ist Service. Unterhalten, nichts sagen, Radio hören. Egal. Die Deutschen haben viel schlechte Laune. Auch wenn die Sonne scheint. Ist nicht wegen dem Wetter. Kommt von der Unzufriedenheit. Eine deutsche Krankheit. Unzufriedenheit. Deutsche sind sehr reich. Deutsche haben keinen Krieg. Deutsche haben Arbeit. Können immer Bier trinken und Kokain durch die Nase ziehen. Deutsche sehen im Fernsehen, wie Krieg ist in Syrien und Kinder verhungern – und schmeißen Essen in den Müll. Und werden immer fetter. Dicke Leute rufen nach Taxis und wollen zu McDonald's. *Da vorne ist doch McDonald's,* sage ich, *nur 200 Meter. Warum gehst du nicht zu Fuß?* Was sagen die Leute? *200 Meter ist zu weit.* Wollen Sie wissen, wo ich herkomme? Aus Sarajevo komme ich. Meine Frau und meine Söhne wurden erschossen von Scharfschützen. Meine Frau wollte Wasser holen vom Tankwagen und Nudeln kochen für die Kinder. Jetzt wissen Sie, wo ich herkomme.

02

EIN GANZ FEINER HERR
Regensburg

Ich kam nach Regensburg und war gleich verliebt in diese wunderschöne Stadt. Mein Mann blieb in Anklam zurück. Bei unserer Nachbarin gefiel es ihm besser als bei mir. Warum ich Taxi fahre? Ach, das ist eine lange Geschichte. Ich war private Altenpflegerin und habe den Herrn von Gessel gepflegt. Der war neunundneunzig und trug immer Anzug, Krawatte und Einstecktuch. Dabei war er vollkommen blind. Morgens strich er über meine Hände und sagte: *Christa, Sie sehen mal wieder bezaubernd aus.* Und wie genierte er sich bei den Toilettengängen! *Das güldene Alter ist ein formidables Desaster.* So sprach er, mit Ausdrücken, die keiner mehr kennt. Wir haben Platten von Mahler und Bruckner gehört, und Herr von Gessel erklärte mir die Musik: die Celli sind Wolken und die Geigen Sonnenstrahlen. Noch öfter sagte er: *Christa, wir müssen lesen.* Die ganze Weltliteratur sind wir durchgegangen. Wenn ich sagte: *Lieber Herr von Gessel, jetzt ist aber Schluss mit Lesen, jetzt legen wir uns lang,* dann sagte er: *Nein, liebe Christa, wir legen uns nur kurz. Wir müssen noch das Buch zu Ende lesen, bevor ich sterbe.* Sie haben ein Foto von ihm in der Zeitung gebracht, weil er ja hundertfünf Jahre wurde. Ich wollte dann keine Leute mehr pflegen. Ein so feiner Mensch wie Herr von Gessel wäre mir nie wieder begegnet. Und deshalb fahre ich Taxi.

03

DIENSTLEISTER
Düsseldorf

Als Taxifahrer ist man in erster Linie Dienstleister. Ich komme zum Steigenberger, und da winkt eine feine Dame. Oh, es geht zur Modemesse, denke ich. Beifahrertür auf, und ein Handtuch fliegt auf den Sitz. Vielleicht glaubt die, sie macht sich in meinem Taxi das Kleid schmutzig, denke ich und will schon sauer werden, als eine Ratte mit Locken auf das Handtuch springt. *Bieni muss nach Metzkausen,* sagt das Frauchen. Ich bin nicht schnell sprachlos, aber da war's doch so weit. Mir ging mein ganzes Leben durch den Kopf, als ich mit Bieni über die Autobahn fuhr. Dass ein Mensch es zu weniger bringt als ein zitterndes Hündchen. Die Fahrt könnte ich mir ja nicht leisten. Beinah hätte ich die Tür aufgemacht und Bieni bei 140 Sachen Gassi gehen lassen. Aber dann hat Bieni so gezittert, dass er mir leidtat, und ich habe ihm einen Vortrag über Kapitalismus gehalten, aber das war Bieni egal. Der hat nur vor sich hin gezittert. Wir kamen dann in eine ganz feine Gegend, wo Bieni von einem Typen im cremefarbenen Anzug erwartet wurde. Der hat sich tausendmal bei mir bedankt und mir einen Fünfziger plus zwanzig Euro Trinkgeld gegeben. Bieni hat mit dem Schwänzchen gewedelt und nicht gesagt, dass Frauchen schon fünfzig Euro Vorkasse bezahlt hat. Ich hab auch nichts gesagt. Ein Taxifahrer ist Dienstleister und muss auch mal schweigen können.

04

FLUCHT
Schwelm

Warum ist Krieg in Syrien? Wir können eine Stunde fahren, und es ist nicht genug. Sehr kompliziert. Alle kämpfen gegen alle. Religion, Partei, Familien. Wir haben Clans mit fünftausend Menschen. Aber es ist nicht kompliziert, warum Menschen vor dem Krieg flüchten. Weil sie leben wollen. Ich war Lehrer in Syrien. Es war gut. Aber ich hatte Angst um meine Kinder. Deshalb bin ich hier und fahre Taxi. Ich zahle Steuern in Deutschland. Nicht nur Deutsche zahlen Steuern für Flüchtlinge. Deutschland hatte auch Krieg, und Menschen sind geflüchtet vor deutschen Soldaten. Und dann sind die Deutschen geflüchtet vor russischen Soldaten. Ist so im Krieg. Mein Cousin wohnt bei uns. Wir haben drei Zimmer für zwölf Personen. Nachts schreien die Kinder: Sie träumen von Menschen, denen man den Kopf abgeschlagen hat. Und von Kindern, die tot waren im Meer. Weiß nicht, ob die Kinder vom Cousin noch mal lachen können im Leben. Wenn hier Krieg ist, wohin flüchten die Deutschen? Nach Mallorca? Ins Fünf-Sterne-Hotel? Glauben sie, ein Taxi kommt und bringt sie zum Flughafen? Warum macht man Feuer an Häuser für Flüchtlinge? Warum pinkeln sie auf die Kinder von Flüchtlingen? Haben die Deutschen kein Herz und keine Seele? Lassen Sie uns beten: Sie zu Ihrem Gott und ich zu meinem, dass nie ein Krieg nach Deutschland kommt.

05

DAM DAM, DAM DAM
Köln

Sie werden befördert im einzigen Taxi der Welt mit Video-installation. Sehen Sie mal nach oben: Der Wagenhimmel ist voller Schlager. Der Beamer ist da unten neben der Handbremse. Die Hitparade im Zett Dee Efff – mit Dieter Thomas Heck. Ist Ihnen das ein Begriff? Der Vogel da heißt Christian Anders. *Es fährt ein Zug nach Nirgendwo, mit mir allein als Passagier.* Ich bin kein Sänger, aber ich singe trotzdem. Wo ein Wille ist, ist ein Lied. Die Welt ist doch schon schlimm genug. Da wird man doch wohl noch träumen dürfen. Jetzt kommt was sehr Spezielles: Samstag, 30. September 1970 – Tony mit *Nuevo Laredo.* Die Originalsendung ist leider verschollen. Dafür sollte man denen beim ZDF das Mainzelmännchen langziehen. Ich hab über dreihundert Sendungen auf DVD. Wenn wir die durchsehen wollen, fahren wir bis nach Australien. *Und weil ich/so durstig war,/hielt ich an/der ersten Bar.* Wir Kölner kommen fröhlich auf die Welt und gehen fröhlich von dannen. Mit meinen Eltern hab ich immer getippt, welches Lied Platz eins wird. Mein Vater bekam davon Herzklabaster, so nahm den das mit. Ich kann nur hoffen, mein Testament wird gelesen. Ich will auf meiner letzten Fahrt im Leichenwagen mein Lieblingslied hören: *Weine nicht, wenn der Regen fällt, dam dam, dam dam, es gibt einen, der zu dir hält, dam dam, dam dam. Marmor, Stein und Eisen bricht ...*

06

OPIUM FÜR DIE MASSEN
Kassel

Ich bin dreiundsechzig und fahre vierzig Jahre Taxi. In Kassel gibt's keine Straße, in der ich noch nicht gewesen bin. Ich sehe mich trotzdem nicht als Taxifahrer. Eher als Autor. Mein Buch heißt *Opium für die Massen*. Das habe ich '78 im Eigenverlag rausgebracht. Ist aber immer noch aktuell. Ich habe zufällig einige Exemplare im Kofferraum. Lasse ich Ihnen zum Vorzugspreis. Gerne auch signiert. Worum es geht? Um Gerechtigkeit. Wussten Sie, dass neunundneunzig Prozent des Weltvermögens nur einem Prozent der Menschheit gehört? Muss ich noch mehr sagen? Die Reichen geben den Armen zu fressen und zu saufen. Dann sind die still. Das meine ich mit *Opium für die Massen*. Die Armen kapieren nicht, dass sie von den Reichen ausgenommen werden wie Weihnachtsgänse. Wenn es zu viele Arme gibt, zetteln die Reichen einen Krieg an. Die Armen machen erst Revolution, wenn ALDI keinen Schnaps mehr hat. Mein Freund Horst sagt, *du bist über sechzig, was regst du dich noch über Politik auf?* Aber ich kann nicht anders. Wenn ich tot bin, klopfe ich von innen gegen den Sarg, sage ich immer. Die einzige Gerechtigkeit ist der Tod. Bis jetzt kommt daran keiner vorbei. Aber wahrscheinlich gibt's irgendwann eine Pille gegen das Sterben. Die können sich aber nur die Reichen leisten. Was ist, wollen Sie ein Buch haben?

07

PSYCHOLOGIE
Leverkusen

Manchmal hast du lieber keine Fahrgäste. Ich feile gerade an der Taktik für Sonntag. Fußball ist Psychologie. Ich bin Trainer, Kreisliga B. Du willst in der letzten Liga nicht der Letzte sein. Unter der Kreisliga kommt nur noch die Hölle. Bist du Letzter, fühlt sich das an, als wärst du mit Fußballschuhen in Hundescheiße getreten. *Besorgt mir andere Spieler, und ich mache den Durchmarsch bis in die Bundesliga*, habe ich dem Vorsitzenden gesagt. Seitdem ist Ruhe im Karton. Bei uns gibt's ja keine Kohle. Wirst du nicht Letzter, gibt's für die Jungs zur Belohnung einen Grillabend beim Vorsitzenden auf der Terrasse. Wirst du Erster, dann auch. Nach Siegen hast du ein Grinsen im Gesicht, weil deine Taktik funktioniert hat. Verlierst du, schüttelst du den Kopf, weil die Jungs deine Taktik nicht kapiert haben. Ist alles Psychologie. Sonntag spielen wir in Leichlingen. Die sind Erster. Den ganzen Tag dichte ich schon an der Kabinenpredigt. Du musst die Jungs richtig feste bei den Eiern packen: *Kämpft für eure toten Omas im Himmel, bis euch das Blut aus den Schuhen läuft*, so was in der Richtung sagst du. Manchmal kriegst du von deinen eigenen Sprüchen eine Gänsehaut. Wenn's auf den Platz geht, setzt du noch einen drauf und sagst: *Euer Trainer will lieber tot sein als Tabellenletzter.* Wie gesagt, ist alles Psychologie.

08

EINSAMKEIT
Köln

Manche Fahrgäste wollen eigentlich nirgendwohin. Die wollen nur nicht allein sein. Einen Stammkunden fahre ich jedes Wochenende zum Stadion nach Köln oder Leverkusen. Der hat gar keine Ahnung von Fußball. Der will nur unter Leute. *Jubeln Sie bloß nicht, wenn der FC ein Eigentor schießt, das gibt Ärger mit den Fanatikern*, habe ich gesagt. Frau Weyer lässt sich freitags für vierzig Euro zum Dom fahren und zurück. *Ich will nur mal sehen, ob der Dom noch steht*, sagt die. *Das erfahren Sie doch aus der Zeitung, wenn der Dom umfällt*, sage ich. Dann lacht sie. Frau Weyer erzählt Geschichten von ihren Liebsten: Angeblich sind ihr alle gestorben. Sie hatte drei Ehemänner, vier Kinder, Katzen und Hunde. Letzte Woche sagte sie, bei ihr im Aquarium schwimmen die Fische oben. *Das geht doch nicht mit rechten Dingen zu, dass Ihnen alle sterben*, sage ich. Die Frau Weyer ist achtzig und verwechselt schon mal die Namen von ihren Exmännern: Mal ist der Udo mit seinem Bagger umgekippt und war tot, und die Woche drauf ist das ihrem Karl-Heinz passiert. Bringt man doch eigentlich nicht durcheinander, oder? Wenn ich sie zu Hause absetze, sagt sie: *Lieber Herr Fritsch, ich bin im Leben immer an die falschen Männer geraten, aber wenigstens an den richtigen Taxifahrer.* Und dann gibt es noch ein schönes Trinkgeld.

09

DAS ZWISCHENMENSCHLICHE
Frankfurt

Im Taxi wurden Menschen geboren und sind Menschen gestorben. Eine Beinahegeburt hatte ich auch mal: also Warnblinkanlage und gehupt und gerast wie ein Krankenwagen. Hab's noch geschafft bis zur Klinik. Im Taxi werden allerdings mehr Kinder gezeugt als geboren. Ich fahre nur nachts. Das kommt vor, dass sich die Pärchen in der Disco kennenlernen und es nicht mehr aushalten bis nach Hause. Die steigen hinten ein und sitzen mehr übereinander als nebeneinander. Ist ein Paar schon länger zusammen, sitzt jeder auf seiner Seite, und wenn sie noch länger zusammen sind, sitzen die Männer vorne und die Frauen hinten. Bei den Frischverliebten tauchen öfter mal die Frauen weg, wenn Sie wissen, was ich meine. Ich habe schon BHs und Slips im Wagen gefunden. Die Diskreteren gucken arglos aus dem Fenster und schicken ihre Hände auf Wanderschaft. Dann gibt's die Exhibitionisten: Die rufen ein Taxi und wollen sich im Beisein eines Fremden verwöhnen. Man könnte rechts ranfahren und sagen, sie sollen sich ein Hotelzimmer nehmen. Andererseits muss man ans Geschäft denken. Die Nacht ist doch gerettet, wenn sich ein Pärchen eine Stunde kreuz und quer durch die Stadt fahren lässt. Man dreht das Radio laut und guckt der Uhr zu, wie sie Euros zählt. Ist noch besser als das, was man im Rückspiegel sieht.

10

HERR FRANKE
Berlin

Ja, ich weiß, ich hör mich an wie ein Berliner. *Icke, icke, icke.* Aber ich bin Türke. Ein Türke aus Berlin. Mein Vater war ein richtiger Gastarbeiter. *Wir sind nur zu Besuch in Deutschland,* hat er gesagt, *nach der Arbeit gehn wir nach Hause.* Er wollte sich in der Türkei ein Stück Land kaufen und Ziegen. Herr Franke war der Chef von meinem Vater und nannte ihn *Mustafa,* obwohl er *Arkoc* hieß. Mein Vater war drei Jahre ohne Familie in Berlin und ist davon traurig geworden. Wohnte mit fünf Männern in einem Zimmer. Jeder musste Herrn Franke zweihundertfünfzig Mark Miete bezahlen. Gastfreundschaft ist das nicht, oder? Bei der Arbeit hatten sie einen Kleber, von dem man Husten und Sehstörungen bekam. Reines Gift. Mittags hat Franke allen gegen Kopfschmerzen und Husten ein Glas Milch gegeben. Fünfzehn Jahre hat mein Vater da gearbeitet, dann hat er Blut gespuckt. Lungenkrebs. Endstadium. Von der AOK hat er keinen Cent genommen. *Es ist eine Schande, für Nichtstun Geld zu nehmen,* hat er gesagt. Er war ein stolzer Mann. Mein Vater hat sich bei Herrn Franke bedankt für die Arbeit und die Milch und ist mit meiner Mutter nach Ankara gefahren. Wir Kinder sind bei unserem Onkel geblieben. Mein Vater ist im Bus gestorben. In Griechenland. Er hätte so gerne noch einmal seine Heimat gesehen. Er fehlt mir sehr.

11

DAMENTOILETTE
Hamburg

Ich war früher in der Lohnbuchhaltung bei einer Spedition. Der Chef ist gestorben, und seine Töchter haben sich angezickt, bis die Bude pleite war. Frauen sind auch keine besseren Menschen. Seitdem fahr ich Taxi. Muss meine Püppi durchs Studium bringen. Die Kleine wird mal Zahnärztin. Ihr feiner Erzeuger ist seit fünfzehn Jahren mit seiner Sekretärin auf Geschäftsreise. Und hat leider meine Kontonummer vergessen. Charakter ist keine Frage von Geschlecht. Gehen Sie mal auf die Damentoilette. Die Ladys setzen sich nicht aufs Klo, weil die Klos versifft sind. Und warum sind die versifft? Weil sich die Ladys nicht setzen. So viel zur weiblichen Logik. Bestimmt müssen die Männer bei denen zu Hause im Sitzen pinkeln. Manchmal schnapp ich mir eine Schwester und frage, ob ich mich auf die vollgepieselte Toilette setzen soll? Da kriegen Sie was zu hören: Schlampe und Nutte ist da noch freundlich. Würde ein Mann so was zu mir sagen, hätte der mein Knie zwischen den Beinen und müsste zum Urologen. Es gibt auch eine Menge Oben-hui-und-unten-pfui-Schwestern. Manche Weiber stinken, dass ich während der Fahrt den Kopf aus dem Fenster halte. Danach kann ich direkt zum Friseur fahren und mir die Haare machen lassen. Also wenn Sie mal wieder einen Taxifahrer sehen, der den Kopf aus dem Fenster hält, wissen Sie Bescheid.

12

INTERNET
Düsseldorf

Als Student wollte ich nur ab und zu Taxi fahren. Daraus wurde dann ein ganzes Leben. Ich war Student. Politologie. Geworden bin ich Politisierer mit Taxischein. Wenn ich nicht fahr, bin ich im Netz. Viele begreifen gar nicht die Möglichkeiten, die das Internet bietet, weil sie nur nach Ferienwohnungen sehen oder auf eBay ihren Schrott loswerden wollen. Meine beiden Thesen zum Netz. These eins: Das Internet ist in der Geschichte der Menschheit ein Novum. Vor hundert Jahren wusste niemand, was ein paar Ortschaften entfernt los war, geschweige denn, was in anderen Ländern oder Kontinenten geschah. These zwei: Das Internet löste eine Völkerwanderung von Arm nach Reich respektive Süd nach Nord aus. Konkretes Beispiel: Sie hausen mit Kindern auf einer Müllhalde in Albanien und fragen sich, wie's auf der Kö zugeht? Sie klicken *Google Earth* an und sehen Maseratis, Juweliere und lauter Adipöse. Anschließend werfen sie noch einen Blick aus ihrer Wellblechhütte auf den Müll. Wenn sie einigermaßen fit sind, klicken sie auf *Google Maps* und recherchieren, wie weit es bis zur Kö ist. 1900 Kilometer übrigens. Zu mehreren könnten sie sich sogar ein Taxi leisten und sind in zwei Tagen dort, wo sie und ihre Kinder ein Leben als Menschen führen können. Das haben Sie dem Internet gar nicht zugetraut, was?

13

HÄSSLICHE STRASSE
Berlin

Zur hässlichen Straße? Das is 'n Witz. Hessische Straße natürlich, aber gerne doch. Wo soll ich herfahrn? Über Unter
den Winden, den Muhdamm rauf oder am Hosenzahler Platz,
äh, Rosentaler Platz lang? Ich mach nur Spaß. Ich war Rosen-
verkäufer, äh, Hosenverkäufer. Bei Zeh und Fuß, äh, C&A.
Aber ich will auf die Düne, pardon: auf die Bühne. *Ich bin ein
Berliner.* Hört man das nich? Wer hat das gesagt? Das hat *Ken-
ne-ihn,* äh, Kennedy gesagt. Ich war da noch in der Zuchtvase,
äh, Fruchtblase. Mein Alter kriegt Pipi in die Augen, wenn
der von Kennedy redet. Ich war auch mal Conférencier im
Varieté an der Motzstraße. Die heißt wirklich so. Ist jetzt ein
Puff drin. Und ich bin Fan von Berta tut-sehr-weh, äh, Hertha
BSC. Ich komm aus Best-End, äh, Westend. In Armstadt, äh,
Darmstadt hab ich mal gefragt, *wo ist denn eure Mauer?* Kin-
dermund tut Gutes kund. Dachte, die Mauer gibt's überall.
Die haben sich eingenässt vor Lachen. Hinter dem Rotz-
damer Platz kommt das tote Brathaus, äh, Rote Rathaus. Kennen Sie die *Wo-tut's-weh?* Die heißt ja auch Charité. Alle Gags
probier ich im Taxi aus. Die meisten Fahrgäste lachen sich
fleckig, äh, eckig, äh, scheckig. So, da sind wir. Grässliche, äh,
hässliche, äh, Hessische Straße. Macht fünfzehn Teuro. Und
vergessen Sie das Lachen nicht, ihr *Reim-auf-Reim,* äh, Martin
Stein.

14

SPRING DOCH
Leipzig

Zum Flughafen? Entschuldigung, Telefon ... *Ich hab gesagt, ist Schluss ... wieso reden? ... Immer nur reden, reden, reden ... Ich liebe dich nicht mehr ... Ich habe 'nen Fahrgast ... hörst du? Ist Schluss. Für immer.* Frauen wollen reden, reden. Worüber reden? Ich weiß nicht. Ich hab alles gesagt. Sie versteht nicht. *Deine Frau ist schön, aber nicht schlau,* hat meine Mutter gesagt. Entschuldigung, Telefon. *Spring doch ... Ja, Taxifahren ist wichtiger als du ... Olga ist nur eine Kollegin. Ich hab grad einen Fahrgast, ist Schluss ... Schluss.* Olga ist schön. Und schlau. Aber nicht meiner Frau sagen. Schon wieder Handy. *Nicht mehr anrufen ... Ja, nimm dir einen anderen Kerl. Hörst du? Ich komm auf deine Hochzeit ... Ja, spring ruhig aus dem Fenster, aber nicht auf den Spielplatz, sonst weinen die Kinder ...* Ich bin sehr wütend. *Dein Blut ist heiß wie Wasser im Topf,* sagt meine Mutter. Meine Frau ist eifersüchtig. Auch auf die Luft, die ich atme. Auf Fahrgäste. Auf alle Frauen. Ist verrückt. Olga ist ... Nein, nicht: *Ich bring dich um, wenn du noch mal anrufst ... Wenn du zu Olga gehst, bringe ich dich auch um ... Olga ist nur meine Kollegin, verstehst du? ... Kollegin. Auf Wiedersehen heißt auf Wiedersehen.* Heult immer. Jeden Tag. Vielleicht hat sie verstanden. Nein, die springt nicht. Da ist der Flughafen. Passen Sie auf mit Frauen. Wollen immer nur reden, reden. Ich fahr jetzt zu Olga. Olga will immer nur küssen, küssen.

15

HUMANIST
Bottrop

In Teheran war ich Literaturwissenschaftler. Ich habe viele Bücher über die Freiheit gelesen. Sartre und Dostojewski und Hemingway. Die Bücher wurden versteckt, aber da war die Freiheit schon in meinem Kopf. Wenn ich an den Iran denke, werde ich traurig. Ich wollte nicht weg. Aber die Freiheit ist mehr wert als die Heimat. Viele Deutsche glauben, ich bin hier, weil ich ihr Geld will. Ich wäre lieber Professor, um den Studenten die Schönheit der Literatur zu erklären. Viele Deutsche denken, sie können sich die Kriege im Fernsehen ansehen und ihnen kann nichts passieren. Im Taxi höre ich immer Nachrichten. Viele wollen nur Musik hören. Oder sie wollen wissen, ob es Regen gibt. Ich will wissen, ob es Krieg gibt. Manche Deutsche sind sehr dumm: Ob ich ein Schwert im Kofferraum habe und Ungläubigen den Kopf abschlage, hat mich einer mal gefragt. *Warum fragen Sie?*, habe ich gesagt. *Wegen deiner Religion*, hat der Mann gesagt. *Ich bin Humanist*, habe ich da geantwortet. *Das meine ich doch*, hat er gesagt: *Es sind doch die Humanisten, die den Leuten die Köpfe abschlagen, oder wie heißen die?* Er würde nur Leuten den Kopf abschlagen, die Fans von Schalke sind. Abends erzähle ich meiner Frau oft, was die Leute im Taxi sagen. Und dann lachen wir.

16

GÄSTELISTE
Hamburg

Sie sind beim Radio, oder? Na ja, wenn einer beim NDR raus-
kommt. Ich bin Musiker. Taxifahrer mach ich nur nebenher.
Mein Alter wollte, dass ich auch bei der Sparkasse anfange.
Der ist in der Darlehensabteilung. Seine größte Sorge ist, dass
er bald pensioniert wird. Früher hatte ich 'ne Band, aber die
konnten nichts. Manchmal spielte der Basser einen anderen
Song als der Rest. *Schmeiß diese Penner raus und mach 'ne Solo-
karriere,* hat Dirk gesagt. Der war Produktmanager bei einer
Plattenfirma. Der Dirk ist da nicht mehr, der hat jetzt das Tea
Rex in Altona. *Ich will dein Herz schlagen hören, wenn du singst.*
Solche Sachen sagt Dirk. Der hat richtig Ahnung. Is nicht
leicht, im Musikbizz was zu reißen. Freiwillig geben U2 und
Konsorten ja nichts her, das musst du dir schon holen. Ich
hab ein paar fette Songs am Start, die könnten in jedem Ra-
dio laufen. Am letzten Freitag im Monat trete ich immer im
Tea Rex auf. Im Schnitt kommen dreißig Leute. Als ich an-
fing, waren's nur zehn. Ab fünfzig gibt's 'ne Gage bei Dirk.
Ich hab 'ne CD von mir dabei. Läuft auch schon die ganze
Zeit. Jetzt sind Sie baff, oder? Dirk hat gesagt, *das ist ein ver-
dammter Hit.* Können Sie was machen für mich beim Radio?
Ich nehm das auch noch mal neu auf. Muss mehr Hall auf die
Stimme, oder? Sie sind nicht zufällig Freitag in Hamburg? Da
spiel ich wieder. Ich setz Sie auf die Gästeliste.

17

BANANEN
Rosenheim

Ob Taxifahren für Frauen gefährlich ist? Ach was. Wer will denn was von einer Oma wie mir! Wie alt schätzen Sie mich? Mmh, das wäre schön. Ich bin seit einem Monat fünfund-sechzig. Meine Rente reicht für zehn Tage. Ein Monat hat aber dreißig. In Magdeburg war ich Pflegerin am Bezirks-krankenhaus. Da bin ich dem Tod öfter begegnet als einem Arzt. Und wir mussten immer improvisieren. Zum Beispiel hatten wir nie genug Spritzen. Weshalb die in der Werkstatt vom Hausmeister immer wieder neu angeschliffen wurden. Einwegspritzen kannten wir erst recht nicht. *Vor der Spritze sind alle Genossen gleich,* haben wir immer gesagt. Deshalb wurden die kurz unter den Wasserhahn gehalten, und schon kam der nächste Arm dran. Wir haben Patienten Puder-zucker in die Wunden gestreut, dass die schneller zuheilen. Wenn Schlaftabletten knapp waren, gab's vor der OP oder zum Einschlafen ein Gläschen Wodka. Wir hatten übrigens Bananen. Waren nur nie genug. Also haben wir den Patien-ten nur halbe Bananen gegeben und die andere Hälfte mit nach Hause genommen. Einmal sagte mein Jüngster: *Mama, wieso wachsen die Bananen bei uns eigentlich nur halb?* Ach, das war eine lustige Zeit in der DDR. Wir hatten zwar nur halbe Bananen, dafür haben wir aber doppelt so viel gelacht.

18

DEUTSCHE
Frankfurt

Ich war in Berlin, als die Mauer kaputtgemacht wurde. Wann war das? Ja. 1989. Ich hab sogar einen Stein davon mit nach Hause genommen. Ich sage, die Leute aus Ostberlin haben mit dem Herz gelacht, als die Mauer kaputtging. Und ich hab gesehen, die Leute aus Westberlin haben ohne Herz gelacht. Ich kenn mich sehr gut aus mit Deutschland. Ich habe Geschichte studiert. In Göttingen. Die Deutschen sind die Besten. Glauben Sie mir. Die Besten von allen. Kein Witz. Deutsche sind nicht so faul wie Araber. Deutsche sind nicht so dumm wie Amerikaner. Ich habe in Frankreich gelebt, in Marseille. Die Franzosen wollen immer nur im Restaurant sitzen und Wein trinken und danach Liebe machen. Oder am Strand liegen und Wein trinken und da Liebe machen. Wirklich. Deutsche gehen lieber arbeiten. Deutsche haben immer Regenschirme dabei, auch wenn die Sonne scheint. Verstehen Sie, was ich meine? Vor hundert Jahren hatte Deutschland noch einen Kaiser. Dann kam die Republik. Dann Hitler. Nach dem Zweiten Weltkrieg waren die Deutschen die besten Kapitalisten und die besten Kommunisten. Jetzt ist Demokratie. Ich glaube, Deutschland wird auch noch das beste Land für den Islam. Ich stehe zu meiner Meinung, mein ganzes Leben schon. Wenn Freunde aus Ägypten wissen wollen, ob sie nach Deutschland kommen sollen, sag ich: *Ja, kommt her. Das Wetter ist zwar schlecht, aber gerade ist Demokratie.*

19

POLIZISTENFAMILIE
Berlin

Mein Vater wollte unbedingt, dass ich Polizist werde. Er war für die Einsatzpläne der Streifenwagen zuständig. *Junge, wir sind doch eine alte Polizistenfamilie,* hat er immer gesagt. Ich wollte aber Tänzer werden. Sagen Sie das mal einem, der bei der Polizei die Einsatzpläne macht. *Du bist doch nicht schwul oder so was?,* hat er gesagt. Auf der Polizeischule war ich der Schlechteste, und deshalb hat's bei mir nur zum Verkehrs-erzieher gereicht. Und auch nur wegen meines Vaters. Ein Achtjähriger ist mir mit dem Gokart in die Beine gefahren. Künstlerpech. Das Schienbein war durch. Ich hinke immer noch. Dann hab ich Verkehrssünder unterrichtet. Da waren viele Ossis dabei. Die wären ja am liebsten mit dem Trabbi im KaDeWe bis zur Wursttheke durchgerauscht. Als mein Vater starb, hab ich bei der Polizei gekündigt und bin mit meinem Freund zusammengezogen. Als Security-Mann habe ich die Synagoge bewacht. Zwanzig Schritte nach rechts, zwanzig nach links. Zehn Stunden lang. Einmal lag auf dem Gehweg ein Hundehaufen. Dreihundert Mal bin ich dran vorbeige-gangen und dann doch noch reingetreten. Die Scheiße klebte noch am Schuh, da hab ich schon den Job geschmissen. Mein Freund und ich haben ein Taxi gekauft, und wir geben Tango-kurse für Schwule und Lesben. Ich wusste ja immer, dass Polizist nichts ist für mich.

GANZ GROSSES KINO
München

Eigentlich wollte ich Filme machen. Ich war an der Film-hochschule, zu Zeiten von Fassbinder und solchen Leuten. Im deutschen Film wird immer nur geredet. Die Amis zeigen Bilder, gefällt mir besser. Ich habe ein paar Kurzfilme gedreht und hatte dann anderweitig Pech. Im Taxi kriege ich immer wieder Ideen für Filme. Vor ein paar Tagen hole ich morgens ein Paar an einem Hotel am Bahnhof ab. Es ging raus zum Flughafen. War Stau, das dauerte. Die saßen hinten, und ich habe sie im Rückspiegel beobachtet. Der Mann war zwanzig Jahre älter, so Mitte fünfzig. Sie war hübsch und hat ihn im-mer wieder angesehen und gelächelt und ihren Kopf an seine Schulter gelehnt. Manchmal haben die sich geküsst, aber nur so auf die Wange. Sie hielten sich an den Händen und sahen sich an oder aus dem Fenster. Als dächten sie daran, was sie letzte Nacht gemacht haben. Hundert Gesichter hatten die und tausend Blicke. Da war alles drin: der ewige Schlamassel von Liebe und Trauer und Sehnsucht und Glück. Ganz gro-ßes Kino. Man hätte die Kamera draufhalten können, nur diese eine Einstellung, kein Schnitt, kein Wort, nichts, eine halbe Stunde nur draufhalten. Die Zuschauer hätten mehr über die Liebe erfahren als aus den Filmen, in denen immer nur geredet, gestritten und gelogen wird. Aber traut sich ja keiner, solche Filme zu drehen.

21

KINGS
Berlin

Vom Ostblock sehen Sie hier nichts mehr. Alles plattgemacht. Als wäre die DDR nie gewesen. Wie Gehirnwäsche. Ich hatte nichts gegen den Ostblock. Es gab auch Gutes. Wir sind fast jede Woche rüber. Wie man in den Zoo geht. Ein paar Taxifahrer und ich. Haben Sie mal vom Café Moskwa gehört? Hätte Ihnen gefallen. Wir waren bewaffnet mit Strumpfhosen und Kölnisch Wasser und wurden von den Ostmädchen schon sehnsüchtig erwartet. Das gefiel dem Ostmann nicht so gut. Die kamen doch gegen uns nicht an mit ihren Ersatzjeans. Keiner hatte da drüben eine echte Wrangler. Kam ein Ossi zum Café Moskwa, sagte der Türsteher: *Bedaure, wegen Überfüllung geschlossen.* Auch wenn keiner drin war. Im Sommer sind wir mit Weintrauben und Apfelsinen ins Freibad, und schon summten die Weibchen herbei wie die Bienchen. Manchmal sind wir auch nach Bratislava. Ins Hotel Kiew. Liefen wir da ein, saßen in der Bar schon die schönsten Vögelchen auf der Stange. Dem Liftboy wurde ein Fünfmarkschein unter die Jacke geschoben, und dann ließ der uns mit den Mädchen aufs Zimmer. War eigentlich verboten im real existierenden Sozialismus. Ab in die Badewanne und mit den hübschesten Weibern von Bratislava im Krimsekt baden. Das war das Gute am Ostblock, dass sich auch einfache Taxifahrer ab und zu fühlen konnten wie die Kings.

22

FRAU OVERBECK
München

Was Unterschied ist von Afrika und Deutschland? Sehr, sehr viel Unterschied. Hier streichelt man Hund und tritt alte Menschen. In Afrika streichelt man alte Menschen und tritt Hund. Ich hab oft Fahrgast mit Hund. Reden mit Hund wie mit Mensch. Aber Hund ist kein Mensch. Hund ist Tier. In mein Haus wohnt Frau Overbeck. Ganz liebe alte Frau. Hat mir und meine Kinder gezeigt, wie Deutsch geht. War Lehrerin. Frau Overbeck ist zweiundachtzig. Kann nicht mehr allein aus Haus, ist gefallen auf Treppe. Manchmal fahr ich mit Frau Overbeck in Taxi durch Stadt, und sie freut sich. Frau Overbeck hat auch Kinder. Sind schon alte Kinder, haben keine Haare mehr. Sohn wohnt in Rosenheim, Tochter an Olympiapark. Ist nicht weit weg von Frau Overbeck. Aber Kinder kommen nur, wenn Weihnachten ist. Holen Geschenk. Frau Overbeck hat Geld in Brief für Kinder. Frau Overbeck sitzt oft an Fenster und guckt, ob Kinder kommen. Auch in Sommer. Aber Kinder kommen nur in Winter. Frau Overbeck will bald sterben und ist traurig, weil Kinder nicht kommen. Ich geh bald nach Nigeria. Mein Vater ist krank. Wir müssen helfen. Vielleicht kommen meine Kinder auch nach Nigeria, wenn ich alt bin. Aber meine Kinder sind halbe deutsche Kinder. Ich glaube, kommen nicht. Dann bin ich traurig. Wie Frau Overbeck.

ZIERFISCHE
Krefeld

Sie finden keinen Taxifahrer, der immer schon Taxifahrer war. Ich bin gelernter Einzelhandelskaufmann im Fachhandel für Hobbybedarf. *Kompetenz ist alles,* war unser Motto. Wir waren weit und breit der beste Laden für Modelleisenbahnen und Zierfische. Haben immer gesagt: *Wo ist der Mann noch lieber als in der Kneipe oder im Bordell? Bei uns im Hobbymarkt.* Dann machte der erste Baumarkt auf, und sofort klingelte die Kasse nicht mehr. Immer öfter sagte der Chef: *Staubt mal die Regale ab. Ich bin zertifizierter Einzelhandelskaufmann und keine Putzfrau,* habe ich gesagt. Ja, ich bin ein Sturkopp. *Du warst zertifizierter Einzelhandelskaufmann, jetzt bist du Arbeitsloser.* Den Job war ich los, aber das Wissen bleibt. Ich war Spezialist für Aquarien. Fragen Sie mich mal was über Zierfische. Heute arbeiten in dem Laden nur noch Angelernte. Mit Fachberatung hat das nichts zu tun. Manchmal mache ich mir einen Spaß, gehe da rein und stelle Fragen: *Darf man einen Weißstirnmesserfisch aus Brasilien mit einem Schlangenkopf aus Indien in ein Aquarium bringen?* Die Jungs ziehen die Schultern hoch und gucken verzweifelt: Die können doch einen Hering nicht von einem Delfin unterscheiden. So viel zur Fachberatung. Der Kunde muss schon die Fische fragen, ob sie sich gegenseitig fressen.

24

GESCHICHTE
Berlin

Die ist weg, sage ich, wenn Touristen nach der Mauer fragen. Das stößt auf Kopfschütteln. Als wäre in Paris der Eiffelturm demontiert worden. Ich hätte ja ein Stück Todesstreifen stehen lassen. Wie soll die Jugend denn sonst verstehen, was Kriege und Totalitarismus anrichten? Aber man wollte die Erinnerung auslöschen, dass sich die Bevölkerung der DDR untereinander bespitzelte und sich ein eigenes Gefängnis baute. Also nahm man *Die Mauer muss weg* sehr wörtlich. Ich habe sechsundfünfzig Länder bereist. Geschichtsklitterung fand ich überall. Im Herbst geht's nach Jemen. Ich bin dreiundsiebzig, ich habe vor nichts mehr Angst. Ich war als Bub schon einmal quasi tot. Mein Vater baute für mich den kleinsten Luftschutzbunker der Welt. Bei den Bombenangriffen wurde ich hineingeschoben wie ein Brot in den Ofen. Mein Elternhaus wurde von einer Bombe getroffen, und alle waren tot. Ich wurde anderthalb Tage später halb verdurstet in dem Loch entdeckt. Woher soll die Jugend wissen, was ein Krieg ist, wenn sie die Vergangenheit nicht kennt? Mich wundert es nicht, dass sich die Jugend am Checkpoint Charlie mit dem Hitlergruß fotografiert. Die bringen halt alles durcheinander: Nazi, Stasi, Ami, Sozi. Sie spüren nicht den Krieg. Sie glauben, wir befinden uns noch in der Nachkriegszeit. Leider stimmt das nicht. Ich kenne die Geschichte: Wir befinden uns in der Vorkriegszeit.

25

PATTAYA
Köln

Ich war als Beamter bei der Stadtverwaltung. Städtische Liegenschaften und so. Das gibt mal 'ne richtig schöne Pension. Ich müsste nichts mehr tun. Mit dem Taxifahren verdiene ich mir das Paradies. Das ist Pattaya. Ich weiß, was Sie denken: der größte Puff der Welt. Ich war grad drei Monate da. Sechsundzwanzigtausend Deutsche wohnen da schon. Die einen flüchten zu uns, und ich flüchte nach da. Die haben bessere Kliniken als in ganz Köln. Emanzipation halten die für eine Krankheit. Die Thailänderin ist noch nett zu einem Mann. Die freut sich, wenn man sie zum Essen ausführt. Natürlich gehen die mit aufs Zimmer, irgendwo müssen sie ja schlafen. In Pattaya ist auch ein Kölner Taxifahrer König. Nee, ich bin nicht alleinstehend, wieso? Meine Kinder sind erwachsen. Meine zweite Frau ist zwanzig Jahre jünger. Ich hab ihr von Pattaya aus eine SMS geschrieben, ob ich überhaupt nach Hause kommen soll? Keine Antwort. Aber als ich in Köln zur Tür reinkomme, sagt die, *ich schmeiß dich raus. Wie,* hab ich gesagt, *ich hab dich doch gefragt, ob ich kommen soll.* Da sagt meine Frau, sie wolle keinen Mann, der drei Monate im Puff war. Da musste ich meiner Liebsten leider die Besitzverhältnisse erklären: ist ja mein Haus, in dem wir wohnen. Erst höre ich nichts, und dann will sie mich aus meinem eigenen Haus rauswerfen. So was passiert mit den Frauen in Pattaya nicht.

26

WUT
Stuttgart

Alle Leute sind wütend in Deutschland. Auf der Straße ist
Krieg. Krieg mit Autos. Am Sonntag will ich aus kleine Straße
am Park fahren, und Opa will rein. *Fahr zurück,* sag ich zu
Opa. *Nein,* sagt Opa, *ich hab Vorfahrt.* – *Ich muss arbeiten, ich
hab Vorfahrt,* sag ich. Opa sagt, *du warst pissen im Park. Oder
sogar kacken!* Manche Taxifahrer kacken im Park, das stimmt.
Machen Sie Ihre Haustür auf, wenn ein Taxifahrer schellt
und auf Ihr Klo will? Ich werde wütend und steige aus. *Denkst
du, ich bin ein Hund, der in den Park scheißt?,* sage ich. Der Opa
hat mit Zentralverriegelung Tür abgeschlossen und gehupt
und Faust gezeigt. So. Verrückt. Ich klopfe Opa auf Dach
von seinem Mitsubishi. Okay, ist jetzt eine Beule drin. Hab zu
fest geklopft. Wollt ich nicht. Ehrenwort. Opa hat mit dem
Handy Polizei geholt. Polizei kommt mit Blaulicht an. Ich
kriege Bußgeld. Und die Beule muss ich auch bezahlen. Ich
muss eine Woche Taxi fahren für die Reparatur von Beule.
Hab Opa gesagt, habe Freund, der repariert das. Aber Opa
wollte nicht. Jetzt bin ich auch wütend. Vor dem Krieg waren
alle Leute wütend in Zagreb. Wenn die Leute nicht wütend
sind, machen sie keinen Krieg. Ich glaube, es gibt bald Krieg
in Deutschland. Alle sind so wütend wie in Zagreb vor dem
Krieg. Wenn Krieg ist, hau ich ab mit dem Taxi. Ich fahr, bis
kein Krieg mehr ist.

27

SPEZIALTRANSPORTE
Bochum

Ich habe LKW gefahren. Spedition für Spezialtransporte. Spezialtransport war Scheiße. Die Scheiße aus den Dixie-Klos und Fallgruben. Alle scheißen, aber keiner fragt, wer das wegmacht. Deutsche wollen nicht mit Scheiße rumfahren. Das machen nur die Ausländer. Ich bin Grieche. Dann war die Spedition pleite, weil die Scheiße von einer Firma aus Polen abgeholt wird. Ist doch verrückt, mit Scheiße bis nach Polen zu fahren. Bei der Arbeitsagentur haben sie gefragt: *Was haben Sie gearbeitet?* Ich habe gesagt: *Scheiße gefahren.* Die Frau dachte, ich mache einen Witz. Dann sollte ich Pakete fahren. Mit Päckchen aus dem Internet. *Nein*, habe ich gesagt, *ich will nicht, immer nur schnell, schnell, schnell.* Die Schuhe kommen aus China, und die Scheiße fährt nach Polen. Das ist doch verrückt. Ich habe lieber Scheiße gefahren als Taxi. Scheiße ist ganz still. Die sagt kein Wort. Fahrgäste schimpfen, immer, immer. Über Flüchtlinge aus Syrien oder was das Taxi kostet. Oder den Regen. Oder das Fernsehen und weil der VfL Bochum so schlecht ist. Nur Fahrgäste mit Krebs sind in Ordnung. Die sind still oder reden nur über den Tod und was falsch war im Leben. Ich fahre auch Leute vom Seniorenheim. Die stinken. Warum werden alte Leute nicht gewaschen? Aber zum Glück habe ich ein Duftspray. Das brauche ich im Taxi öfter als im Scheißetransporter.

28

MELODY QUARTETT
Essen

Ich höre gern Musik im Taxi. Musik war mein Leben. Mein Vater spielte Akkordeon, ich Gitarre, meine Mutter Tamburin, und meine Schwester konnte wunderbar singen. Wir sind als Melody Quartett aufgetreten. Immer ohne Gage, im Hospiz oder im Altenheim. Wenn meine Schwester sang, bekamen meine Eltern glückliche Gesichter. Nein, ich spiele nicht mehr Gitarre. Weiß nicht, ob Sie das hören wollen? Na gut. Wir sind in Den Helder für krebskranke Kinder aufgetreten. Nachts sind wir zurück. Auf der Autobahn bin ich eingeschlafen und davon aufgewacht, dass mir Splitter ins Gesicht regneten. Ich weiß nicht, was passiert ist. Nur dass unser Auto ein Blechknäuel war. Der Kopf meines Vaters war rote Matsche. Mutter schlief. Seitdem weiß ich, dass sich der Tod und der Schlaf ähnlich sehen. Meine Schwester blutete aus dem Mund und fiepte wie ein Vögelchen. Sie wollte singen. Aber sie konnte nicht. Sie konnte nur noch sterben. Der Gitarre und dem Akkordeon ist nichts passiert. Mir auch nicht. Ist zwanzig Jahre her, aber nachts wache ich manchmal auf und denke, ich stehe vor dem Wrack und meine Schwester fiept. Sie müssen sich nicht entschuldigen. Ich hätte ja nichts sagen müssen. Ich bin doch froh, wenn mir jemand zuhört. Diese verdammte Geschichte ist zu groß für mich allein. Ich muss mich fürs Zuhören bedanken.

WARTEN AUF GODOT
Leipzig

Als Taxifahrer muss man gut sein im Warten. Das Warten ist ein Verwandter der Geduld. Ich warte auf Godot. Ich wollte Theaterwissenschaften studieren, aber dann bekam meine Regieassistentin ein Kind von mir, und für meine künstlerische Laufbahn fiel noch vor der Premiere der letzte Vorhang, um es mal so zu sagen. *Estragon: Komm, wir gehen! Wladimir: Wir können nicht. Estragon: Warum nicht? Wladimir: Wir warten auf Godot.* Das Memorieren von Texten fliegt mir zu. Ich lerne im Taxi seitenweise Lyrik auswendig. Das ist für mich gleichzeitig Gehirntraining wie literarischer Genuss. Langeweile ist mir ein Fremdwort und ein Graus. Ich lese oder lerne Texte oder höre Radio. Ich bin immer nah an der Kultur. Nicht zu vergessen: die Fahrzeugpflege. Dafür kalkuliere ich pro Tag zwei Stunden. Die Frontscheibe habe ich heute Morgen erst gereinigt. Und jetzt haben schon hundert Mücken ihr Leben drauf gelassen. Ich differenziere übrigens verschiedene Formen des Wartens: Besonders abscheulich ist die sinnlose Warterei bei einem Arzt. Ein unentschuldbarer Verlust an Lebenszeit. Das Warten im Taxi sehe ich als Teil meiner Profession: Oft stehe ich Stunde um Stunde am Halteplatz. Und warte und warte. Und dann irgendwann steigt ein Fahrgast ein, und ich habe über das Warten triumphiert. Eigentlich sehr simpel.

30

SOZIALISMUS
Berlin

Taxifahrer war ich schon in Slowenien. Das war noch in Jugoslawien. Wir waren auch Sozialismus, aber nicht so schlimm wie bei den Sowjets oder in der DDR. Früher war ich für den Sozialismus. Alle Menschen sollen gleich sein. Wir hatten Tito als Präsident. Tito war kein Idiot wie Breschnew oder Honecker. Aber Socken hat Tito auch nicht geschafft. Ja, Socken. Mein Bruder hatte Hochzeit, und ich wollte neue Socken haben. *Socken erst in sechs Wochen*, hat die Verkäuferin gesagt. *In sechs Wochen ist mein Bruder vielleicht schon geschieden*, habe ich gesagt. Slowenien ist sehr schön. Ist meine Geliebte. Meine Heimat. Aber man musste sechs Wochen auf Socken warten. Ich bin nach Westberlin gezogen. Da stand noch die Mauer, und es gab die DDR. Honecker habe ich mal gesehen. Er hat gewinkt, aber das Volk hat woanders hingeguckt. Die wollten nicht mehr Sozialismus, die wollten auch neue Socken. In Ostberlin hatten die Lebendigen mehr Langeweile als in Westberlin die Toten. Gut, dass Gorbatschow Honecker abgesetzt hat. Der konnte nichts. Wenn in Ostberlin eine Lampe kaputt war, blieb die kaputt. Auf Trabbis musste man noch länger warten als auf Socken. Nachts sind die Leute mit ihren Trabbis in Schlaglöcher gefahren, weil sie nichts gesehen haben auf der Straße. Darum ist der Sozialismus tot: keine Trabbis, zu dunkel und keine frischen Socken.

MUTTER
Aachen

Lange Haare hatte ich schon als Kind. Mutter wollte lieber ein Mädchen, deshalb. Mein Vater starb, als ich vier war. Motorradunfall. Ich durfte nie Motorradfahren, und heiraten sollte ich auch nicht. Mutter und ich wohnen im selben Haus, über zwei Etagen. Habe dann doch noch geheiratet. Aber erst vor sieben Jahren. Meine Frau ist Iranerin. Ich bin fünfzig, und sie ist siebenundsechzig. Mutter hat immer gesagt, *Frauen wollen dir nur ein Kind andrehen*. Meine Frau kann keine Kinder mehr kriegen, aber das ist Mutter auch nicht recht. Die beiden kratzen sich noch die Augen aus. Vielleicht hab ich mit meiner Frau einen Fehler gemacht: Wenn ich fünfundsechzig bin, ist sie zweiundachtzig. Wollen Sie mit einer Zweiundachtzigjährigen ins Bett? Wegen meiner Frau bin ich Moslem geworden. Darf Mutter gar nicht wissen. Aber wollen Sie, dass Ihre Frau gesteinigt wird, wenn Sie mal in ihre Heimat fahren? Wir waren allerdings noch nie da, den Moslem hätte ich mir sparen können. Ja, wie geht's weiter? Also, die Haare bleiben dran bis zum Schluss. *Man kann sich auch wieder scheiden lassen*, habe ich zu Mutter gesagt. Mit der Rente ist auch klar: Ich kriege keine. Vielleicht lasse ich mich im Taxi beerdigen, aber der Taxameter bleibt an. Und wenn ich mal die Augen aufmache da unten, denke ich, wenigstens einmal im Leben hattest du eine richtig gute Fahrt.

32

LEERES LAND
Hamburg

Ich bin ein sehr glücklicher Taxifahrer. Aber eigentlich bin ich Arzt. Ich habe in Teheran Medizin studiert. Aber ein Arzt kann oft nicht viel mehr machen, als den Menschen beim Sterben zuzusehen. Vielleicht war es ein Fehler, aufzuhören: Ein Arzt lebt ja besser als ein Taxifahrer. Die meisten Iraner, die vor Khomeini geflüchtet sind, waren Akademiker. Das hat dem Iran das Gehirn rausgerissen. Aber ich bin lieber hier Taxifahrer als bei den Mullahs Chirurg. Außerdem fahre ich gern Auto. Einmal im Jahr geht's mit dem Taxi nach Hause. Nach Narmak. Das sind fünftausend Kilometer. Ich brauche sieben, acht Tage. Meine Frau sagt, ich bin verrückt. Sie nimmt das Flugzeug. Ich fahre über Österreich, Italien, Griechenland, Türkei. Falls mir mal Banditen begegnen, habe ich einen Knüppel neben der Handbremse. Ist aber noch nie passiert. Im Kofferraum habe ich eine Kühlbox mit Bier. In Anatolien ist es totenstill. Da fliegt höchstens mal ein Vogel. Ich nehme mir ein Bier und sehe in das leere Land, und plötzlich verstehe ich das Leben. Für mich gibt's nichts Schöneres, als mit dem Taxi durch die Einsamkeit zu fahren. Manchmal kommen mir die Tränen, weil ich meine Heimat so sehr liebe. Aus seiner Heimat vertrieben zu sein ist wie am Grab der Eltern zu stehen. In drei Monaten fahre ich wieder los. Kann's kaum noch erwarten.

33

FREEJAZZ
Bremen

Mögen Sie Jazzmusik? Sie sind der Fahrgast, ich will Ihnen nichts aufnötigen. Den meisten Menschen ist der Jazz zu frei. Die Leute kommen nicht klar mit der Freiheit. Die hören lieber Marschmusik. Also Disco. Ist ja Marschmusik. *Eins, zwei, drei, vier.* Hören Sie mal das Saxofon. Das spielt Jan Garbarek. Die Melodie bewegt sich, wie eine Schlange durch den Urwald kriecht. Oder wie ein Fisch im Wasser. Ich bin gegen Nazis, Kommunisten, Reaktionäre, Moralapostel, Islamisten. Freejazz ist Freiheit. Und Chaos. Ich bin ein Freiheitsliebender. Ich hatte mein ganzes Leben Ärger deswegen. Bin von der Schule geflogen, vom Bund desertiert und saß im Bau; die Uni hat mich zwangsexmatrikuliert. Und ich bin zweimal geschieden und einmal zwangsgeräumt. Ich hab's nicht mit Gängelei und Vorschriften. Wenn du frei bist, musst du nachdenken. Was du mit deiner Freiheit anstellst. Nachdenken ist vielen zu anstrengend, die halten sich lieber an Regeln und Vorschriften. Taxifahren ist übrigens auch so eine Art Freejazz. Du weißt nie, an welchen Ort der Tag dich führt. Oder wem du begegnest. Triffst du deine große Liebe oder einen, der dich mit dem Messer absticht? Manchmal begegne ich jemand, der auch den Freejazz mag. Und freue mich, dass ich nicht der einzige Freiheitsliebende bin.

34

KIEZ
Hamburg

Kennen Sie Velbert? Die Stadt der Schlösser und Beschläge. Mit siebzehn bin ich da abgehauen. Wir hatten einen eigenen Salon, ich hab bei meinem Alten Friseur gelernt. Ich wollte zur See. Also ab nach Hamburg. Ich kam nach St. Pauli, dachte, ich sei im Paradies. Überall Girls. So was hatten wir in Velbert nicht im Schaufenster. Ich solle mal herkommen, sie müssten mir mal ihre Titten zeigen. So was sagten die. Man dreht durch. Ich hab dann aufm Kiez bei einem Friseur angeheuert. Die Girls sind ja in echt oft hässliche Entlein; die hab ich zu Sexbomben aufgebrezelt. Können den Kerlen doch sonst winken, bis ihnen die Arme abfallen. Manche Girls bezahlten den Friseur in Naturalien. Nicht schlecht. War alles super, bis eine Kleine, der ich immer die Locken machte, vor unsrem Laden lag. Mit einem Springmesser in der Stirn. Muss irgendwas falsch gemacht haben. Es war so abgrundtief böse. Auf dem Kiez gibt's viele Typen ohne Gewissen. Vor allem die Albaner. Wie so ein kleines Land so viele Zuhälter hervorbringt. Ich glaub, die studieren da Zuhälterei. Ich hab dann auf der Taxe angeheuert. Wenn ich zum Kiez komm, werd ich sentimental. Bis ich an das Girl mit dem Messer in der Stirn denke. Mein Alter geht bald in Rente. Ich soll den Frisiersalon übernehmen. Was meinen Sie? Soll ich das tun?

ITALIENER
Hattingen

Ich bin nicht gern Taxifahrer. Aber ich muss. Ich komme aus Toskana. San Gimignano. Ist älter als Jesus. Ich will nicht zurück. Da sind nur alte, traurige Leute. Alle warten auf den Friedhof. Können nicht mal mit Handys telefonieren. Die haben nur Brieftauben. Ich mache Spaß. Mama weinte, als wir weg sind. Papa war Vorarbeiter bei Opel. Jetzt ist Papa tot, und Opel ist auch tot. Mama hat ein riesiges Bild von San Gimignano über dem Sofa hängen. *Fährst du mich mit deinem Taxi nach Hause, wenn ich tot bin?*, fragt sie. Deutsche haben zu mir gesagt: *Spaghettifresser.* Ich habe keine Spaghetti gegessen, nur Bucatini und Cavatappi. Deutsche kennen keine Bucatini, denken, Bucatini sei ein Fußballspieler. Ich wollte auch Fußball spielen. *Bist du wirklich aus Italien?*, hat der Trainer gesagt. *Si, si,* hab ich gesagt. *Und warum kannst du dann nicht Fußball spielen, wenn du aus Italien bist?* Alle haben gelacht. Deutsche Mädchen finden Männer aus Italien schöner als Jungs aus Bochum. *Du hast schöne Wuschellocken*, haben Mädchen gesagt. *Was ist das, Wuschellocke?*, habe ich gefragt. Jetzt weiß ich's. Ich habe auch eine Arbeit gehabt bei Opel. Wie Papa. Opel macht sehr, sehr gute Autos. Besser als Fiat oder Alfa. Ich habe einen Fehler gemacht und Öl in den Kühler geschüttet, nicht Wasser. *Italiener haben keine Ahnung von Autos,* hat der Meister gesagt, und ich war gefeuert.

UNRUHIGE ZEITEN
Wuppertal

Wir hatten eine Bäckerei, die sollte ich mal übernehmen. Mein Opa war auch Bäcker. Dann machten auf der Straße zwei Billigbäcker auf und lieferten sich einen Brötchenkrieg. Mein Vater hat die Brötchen von denen vermessen. *Das ist doch Betrug am Kunden,* hat er gesagt. Seine Brötchen waren ja handgeformt. Oft stand er am Fenster und sah zu, wie unsere Kunden bei den anderen kauften. Dann tat es einen Knall, und Vater lag tot in der Backstube. Keiner wusste, dass er einen Revolver hatte. Und einen Haufen Schulden. Ich hab dann im Botanischen Garten angefangen. Wunderbar. Die Ruhe da. Lachte jemand, haben wir streng geguckt. Am liebsten war ich am Teich und hab den Goldfischen zugesehen. Und den Kaulquappen. Die nur so existieren, denen alles egal ist, auch, dass sie mal Frösche werden. Und die Goldfische ahnen nicht, dass man sie im Zoo an die Seelöwen verfüttern wird. Dann wurden Leute entlassen, und als Ungelernter war ich raus. Sind unruhige Zeiten, auf nichts kann man sich mehr verlassen. Von den Goldfischen hab ich gelernt, mich durch die Stadt zu schlängeln. Und von den Kaulquappen, drauf zu warten, dass ich ein Frosch werde. Wenn es keine Taxen mehr gibt, weil sich alle im Internet verabreden und von Wildfremden im Auto mitnehmen lassen, hab ich immer noch den Revolver von meinem Vater.

LIEBE AUF DEN ERSTEN BLICK
Höxter

Ich habe schon herzzerreißende Geschichten erlebt im Taxi. Dass mir die Tränen rollten. Frauen sind ja näher am Wasser gebaut als Männer. Gestern fahr ich ein junges Paar. Sahen raus, als müssten sie sich schon mal nach was anderem umsehen. *Kommst du noch mit hoch?,* sagte das Mädchen. *Nein,* meinte der Junge. *Sehen wir uns wieder? – Auch nicht. – Dann mach's gut. – Es ist deine Schuld. – Ich weiß,* sagte sie. Den Rest muss man sich zusammenreimen. Im Rückspiegel seh ich, wie dem Jungen die Tränen laufen. Als hätte man ihn aus dem Paradies vertrieben. Mir wurden auch die Augen feucht. Dann hatte ich mal eine Fahrt mit vier Passagieren. Denen war der Zug weggefahren. Ein mittelaltes Pärchen, eine ältere Dame und ein Fusselbärtiger. Das Pärchen hatte Streit, die haben wütend geflüstert, angeblich weil die Frau einem Andern schöne Augen gemacht hat. Der Mann hatte einen sehr unangenehmen Ton und wurde so wütend, dass er an der Ampel einfach ausstieg. *Soll ich warten?,* hab ich gefragt. *Bloß nicht,* hat die Frau gesagt. Wir haben alle gelacht, und die Frau kam mit dem Bärtigen ins Gespräch. Das war Liebe auf den ersten Blick. Die stiegen aus und küssten sich am Taxi. Aber so ganz zärtlich und froh, sich endlich gefunden zu haben. Die alte Dame und ich waren so gerührt, uns kamen beiden die Tränen.

38

RESPEKT
Oberhausen

Das Leben ist Krieg. Meine Meinung. Sag ich jeden Tag zu meinem Sohn. Wir haben ein Aquarium. Mein Sohn weint, wenn ein großer Fisch 'nen kleinen frisst. *Dann fressen wir den großen Fisch,* sage ich. Wir haben den Fisch geangelt und auf den Grill gelegt. Schmeckte nicht. Egal. Aber mein Junge weiß jetzt, wie das Leben geht. Ja, das ist ein 5er BMW. Hat 180 PS. Ist kein Taxi, ist ein Rennwagen. Hast du Respekt vor Taxifahrern in einem Kia? Oder Opel? Nein. Ein Taxifahrer braucht Respekt. Warum? Von den Fahrgästen. Die hauen ab an der Ampel, und du hast kein Geld. Dafür brauchst du Respekt. Ja, so was passiert oft. Ich war schon bei Gericht wegen einem Problem mit einem Idioten. Haut ab am Bahnhof, und auf der Uhr sind es achtzehn Euro. Ich kann schnell laufen. Schneller als so ein Idiot. In Deutschland muss man Diebe festhalten, bis die Polizei kommt. Du darfst Dieben nicht auf den Kopf schlagen. Aber woher soll ich das wissen? Ich stamme aus Belgrad. Da waren andere Gesetze. Der Idiot hat die Schulter kaputt. Und den Arm. Und den Kopf. Viel Blut war da. Ich sage: *Es war Notwehr.* Der Richter sagt: *Körperverletzung.* Wo ist der Unterschied? *Notwehr, Körperverletzung.* Ich muss Strafe zahlen. Fünfhundert Euro. Wenn ich das nächste Mal den Dieb festhalte, komme ich ins Gefängnis, sagt der Richter. Der Idiot hat gelacht. Ich versteh die Gesetze in Deutschland nicht. Wie soll ein Fahrgast Respekt haben, wenn der Taxifahrer achtzehn Euro will und am Ende fünfhundert Euro geben muss?

39

FUSSLEISTEN
Hamburg

Warum musste ich nur die Taxe von Kallie übernehmen? *Bring mein Lebenswerk zu Ende,* hat er gesagt, und dann war er tot. Was soll denn bitte schön das Lebenswerk eines Taxifahrers sein? Als Unternehmer fahren Sie achtzig Stunden die Woche. Nein, ich will keinen Kompagnon. Ich hatte sechs Geschwister, ich bin nicht gut im Teilen. Schokolade wurde bei uns in sieben gleich große Stücke geschnitten. Ich hätte auch besser nicht geheiratet. Die Fußleisten habe ich so angebracht, dass der Teppich nicht darunter eingequetscht wird. Ich habe es gern, wenn die Haare der Auslegware nach oben stehen. Wenn ich ins Wohnzimmer komme, ziehe ich die Pantoffeln aus, sonst zertrample ich mir noch die Auslegware. Und jetzt kommt meine Frau ins Spiel. Glauben Sie, die zieht die Schuhe aus? Die ist schon in Gummistiefeln da durchgegangen, und die Auslegware sah danach aus wie das Fell einer toten Ratte. Tut man das, wenn man sich liebt? Vor einigen Tagen habe ich eine Ehetherapeutin gefahren: Ich soll mit meiner Frau zu ihr kommen, sie bekäme unsere Ehe schon wieder hin. Ach, ich bin gern allein. Nichts gegen Sie, aber ich komme auch ohne Fahrgäste klar. Würde rumfahren, Musik hören, meinen Gedanken nachhängen. Und irgendwann würde ich an der Alster hocken und in aller Seelenruhe ganz alleine eine Tafel Schokolade essen.

40

NEIN HEISST NEIN
Köln

Kinder müssen wissen, was Nein ist. Nein heißt Nein. Ich habe drei Kinder. Wenn Kinder noch Babys sind, sollte man nur auf die Hände schlagen. Nicht ins Gesicht. Oder auf den Popo. Nicht auf den Kopf. Wenn was kaputtgeht im Kopf vom Kind, müssen Sie ins Gefängnis. Oder das Kind kommt in den Rollstuhl. Nicht gut. Auf die Hände schlagen ist okay. Feste schlagen, nicht streicheln. Kinder müssen ihre Hände so auf Tisch legen. Sehen Sie? Sonst brechen die Finger durch. Wenn Kinder weinen, verstehen sie, was Nein heißt. Wenn Sie nicht feste schlagen, denken Kinder, der Papa macht Spaß, und lachen. Aber das Leben ist kein Spaß. Leben ist Ernst. Wir kommen aus der Ukraine. Dort ist Krieg. Meine Frau? Nein, meine Frau darf die Kinder nicht schlagen. Wenn ich vom Taxifahren heimkomme, sagt sie, was die Kinder Böses getan haben. Und ich sage, was ihre Strafe ist: kalte Dusche, für einen Tag im Zimmer bleiben, auf dem Balkon schlafen. Oder Auf-die-Hände-Schlagen. Ein Kind musst du schlagen wie einen Hund oder eine Ziege. Ziegen verstehen keine Worte. Kinder auch nicht. Wenn das Kind fünf oder sechs Jahre ist, musst du es nicht mehr schlagen. Dann versteht es das Nein. Ich fahre viele Deutsche in meinem Taxi. Bei Deutschen heißt Nein nicht Nein. Wenn Deutsche zu ihren Kindern Nein sagen, antwortet ihr Kind: Doch. Und dann gucken die Deutschen aus dem Fenster und sagen nichts mehr. Ist nicht gut, oder?

PROMINENZ
Wuppertal

Wir Wuppertaler sind nich gerade verwöhnt mit Prominenz.
Da war die Pina Bausch, die hab ich aber nie gesehn. Ich bin
nich so der Balletttyp. Und dann der Friedrich Engels. Den
kennen viele gar nich. Die Leute kennen nur Fußballspieler,
aber keine Revoluzzer. In Barmen fing das an, dass die Arbeiter
ausgebeutet wurden. Wir hatten hier doch die ersten Textil-
fabriken. Der Marx und der Engels, das war'n gute Jungs. Wir
haben hier auch ein Friedrich-Engels-Museum und die Fried-
rich-Engels-Allee. Zwischendurch hieß die mal Adolf-Hitler-
Straße, aber davon will keiner mehr was wissen. Und Johan-
nes Rau hatten wir. Kennen Sie den? Der war auch für die
einfachen Leute. Der hieß bei uns hier im Tal nur *Bruder Jo-
hannes*. Ich hab den mal nach Düsseldorf gefahren, als der
noch kein Bundespräsident war. Auf der Fahrt rauchte der
zehn Zigaretten. Von der Qualmerei war ich so benebelt, dass
ich die Ausfahrt verpasst hab. Der Rau hat gelacht und mir
einen Zehner Trinkgeld gegeben. Und falls ich mal Probleme
mit Ämtern hätte, solle ich bei ihm durchklingeln. Hab ich
tatsächlich gemacht, weil ich 'nen Reisepass brauchte und
das Ewigkeiten dauerte. Nach zwei Tagen hatte ich das Teil.
Allein dafür hat der sich verdient, dass der einzige schöne
Platz, den wir in Wuppertal haben, jetzt Johannes-Rau-Platz
heißt.

MEIN JUNGE
Ludwigshafen

Ja, das ist ein Foto von meinem Jungen. Da war er noch ein Baby. Als Baby hat er öfter mal gelacht. Meine Frau und ich wollten drei Kinder. Das ging schon beim ersten schief. Der Junge hat zu wenig Luft gekriegt bei der Geburt. War ein katholisches Krankenhaus, und die wollten keinen Kaiserschnitt machen. Aus religiösen Gründen. Wussten wir nicht, sonst wären wir woanders hin. Also hat mein Junge aus religiösen Gründen keine Luft gekriegt. Er kann nichts. Nicht mal richtig atmen. Er ist jetzt fünfzehn. Ich fahre jeden Tag zu ihm. Er wohnt im Heim. Weiß nicht, ob er mich erkennt. Er hängt an einer Maschine. Einige andere Jungs und Mädchen auch. Die haben ein Notstromaggregat im Keller, dass nicht alle gleich sterben, wenn mal ein Stromausfall passiert. Die ersten zehn Jahre war mein Junge zu Hause. Meine Frau dachte, sie wäre eine Rabenmutter, wenn sie ihn ins Heim gibt. Sie war der beste Mensch, den ich kenne. Dann wurde mein Junge zu schwer, und meine Frau schaffte es nicht mehr, ihn alle zwei Stunden zu drehen, dass er sich nicht wund lag. Also musste er doch noch ins Heim. Vor zwei Jahren ist meine Frau dann in den Rhein gesprungen. Wenn ich mal über die Brücke muss, wo sie's getan hat, fahre ich einen Umweg. Wenn sich ein Fahrgast beschwert, sag ich ihm, warum. Die meisten sagen dann nichts mehr.

43

KÖRPER
Wuppertal

Mein Körper hat allerhöchste Prio für mich. Die Tattoos sind zwanzig Riesen wert. Ich habe den besten Stecher ever. Wegen dem würd ich mir am liebsten noch zwei Arme zusätzlich wachsen lassen. Nur weil der so geile Tattoos macht. Im Gym bin ich jeden Tag. Ich hab den besten Body da von allen. Will was heißen. Im Kofferraum hab ich Hanteln. Da geh ich ran, wenn ich am Halteplatz Wartezeit hab. Ich stehe auf coole Klamotten und coole Frisuren. Bin grad in der Iro-Phase. Sehen Sie ja. Steh auch auf Disziplin. Diese Megafetten haben null Disziplin. Die muss man ausm Taxi ziehen, von allein schaffen die das nicht. *Ist doch Selbstmord, sich so vollzufressen,* habe ich mal zu einem gesagt. Schätze mal, der hatte hundertsechzig. Nicht Pfund, nein, Kilo. Er frisst, weil seine Eltern bei 'nem Unfall gestorben sind, als er fünf war, sagt der Dicke und fängt an zu heulen. Okay, jeder hat seine Story. Besser, man sagt nichts. Fragen Sie mich doch mal, warum ich am liebsten am Wochenende fahre. Man muss nur so ab halb eins am Halteplatz beim Apollo sein. Da geht immer was. Wenn die Girls den Taxidriver mit dem coolen Body sehen, drehen die auf der Stelle durch. Meinem Body habe ich zu verdanken, dass ich schon 'ne Menge Girls direkt vom Apollo ins Bett gebracht hab. Läuft bei mir unter Service, is natürlich im Fahrpreis drin.

STOLZ
Chemnitz

Sagen Sie's schon. Warum eine alte Frau Taxi fährt? Wegen der Rente. Die reicht nicht. Ich will keine Almosen. Man hat ja seinen Stolz. Drei Söhne habe ich, alle sind was geworden. Alles ohne Mann und ohne Almosen. Mein erster Verlobter war Fahrer. Wir sind mit dem Lastwagen an den See und haben es uns gut gehen lassen. Bis mir eines schönen Tages eine Kollegin erzählte, sie wäre auf der Hochzeit meines Verlobten gewesen. Können Sie sich mein Gesicht vorstellen? Ich hätte ja wohl die Braut sein müssen. Und dann erscheint der feine Herr tags drauf mit Blumen, als sei nichts geschehen. Die hat er aber um die Ohren gekriegt! *Wieso heiratest du eine andere?*, habe ich gesagt. Und was sagt er? *Die hätte sich sonst umgebracht. – Und wenn ich mich jetzt umbringe? – So ein dummes Ding bist du nicht, das sich wegen einem Kerl umbringt.* War ja wohl eher ein Kompliment. Es ging also weiter mit uns, bis er Zwillinge bekam mit der Dame. Und ich hab einen Bauingenieur geehelicht. Hochintelligent, aber zu dumm, die Finger vom Schnaps zu lassen. Ich dachte, mit Kindern höre die Sauferei auf. War aber nicht. Nach dem dritten habe ich ihn rausgesetzt. Der Saufkopp war kurz drauf tot. Den Jungs habe ich gesagt, ihr Vater sei auf der Baustelle in Pjöngjang vom Kran gefallen. Was wirklich war, wissen sie nicht. Auch nicht, dass ich mit einundsiebzig Taxi fahre. Man hat ja seinen Stolz.

45

KAFKA
Wiesbaden

Ich weiß nicht, warum viele Fahrgäste glauben, sie seien jedem Taxifahrer intellektuell überlegen. Vielleicht, weil sie ihm sagen, wo er hinfahren soll. Ich schreibe im Taxi Gedichte. Im Stil von Bukowski. Kennen Sie *Gedichte, die einer schrieb, bevor er im 8. Stockwerk aus dem Fenster sprang*? Das Beste überhaupt. Meine Gedichte will keiner haben. Ich habe schon mehr Absagen als Gedichte. Ein Kollege hat dasselbe Problem. Der schreibt seit zwölf Jahren im Taxi an einem Roman. So was wie *Ulysses* von Joyce. Heutzutage kennt doch kaum noch jemand einen Schriftsteller. Manchmal frage ich die Leute: *Kennen Sie Kafka?* Da kommen tolle Antworten. *War der nicht mal Verteidiger beim 1. FC Köln?* – war das Beste bis jetzt. *KZ-Aufseher* war auch gut. Man möchte lachen und weinen zugleich. Ich habe im Studium über Kafka geschrieben: *Die Poetisierung und erzähltheoretische Situierung in Kafkas frühen Texten.* Ich habe einen Literaturblog, von manchen Buchverlagen kriege ich Freiexemplare. So ganz unwichtig bin ich denen also nicht. Den letzten Boyle habe ich verrissen: Für mich war das literarische Effekthascherei. Ich frage die Fahrgäste manchmal, ob sie lesen. *Ich lese mir die Fusseln aus dem Bauchnabel,* sagte mal einer. Fand der witzig. Aus meiner Sicht geht es mit den Deutschen intellektuell immer weiter bergab.

46

ANGST
Düsseldorf

Ich fahre seit sieben Jahren. Nur nachts. War Bauzeichner. Die Betonung liegt auf *war*. Angst? Ist die Ausnahme, hatte ich nur ein Mal. Da winken mir an der Altstadt drei junge Typen. Man lauert ja auf Fahrgäste, aber da dachte ich, fahr lieber weiter. Was mache ich? Halte an. Schon sitzen die im Wagen. Alle drei hinten. Passte mir schon mal nicht. *Nach Ratingen*, sagt der Anführer. *Ich mache nur Stadtfahrten*, sage ich. *Ratingen ist eine Stadt*, sagt der, und alle lachen. *Das kostet fünfzig*, sage ich. Der zeigt mir einen Fünfziger, und da kannst du nichts mehr machen. Waren Russen. Die hatten so einen harten Akzent. Bei mir läuft immer Radio. *Mach die Scheiße aus*, sagte der Anführer. Sonst nichts, auf der ganzen Fahrt nicht. Mir flatterte das Herz. Wir kommen nach Ratingen, und es geht in ein Industriegebiet. Irgendwie ahnst du, was passiert. Die sind plötzlich total ruhig. Hielten richtig die Luft an. Ich auch. Und dann hatte ich was hinten am Hals. Eine Knarre oder ein Kugelschreiber, irgendwas. Alles ohne Worte, das war das Gruselige. Die Straße war wie ausgestorben. *Anhalten*, sagt der Anführer, *was kostet's?* Mir läuft der Schweiß runter wie Regen. *Die Fahrt geht aufs Haus*, sage ich. *Dann fahren wir jetzt immer mit dir*, sagt der Anführer, und schon waren die weg. Ich in die nächste Kneipe und ein Alt gezogen. Aber wie gesagt: Das war die Ausnahme.

ALLEINSEIN
Mannheim

Alleinsein ist Krebs für die Seele. Meine Frau ist seit drei Jahren tot. Und ich bin Rentner. Und alleinstehend. Wir sind kinderlos geblieben. Wegen Geld fahre ich nicht Taxi. Aber hin und wieder ergeben sich schöne Gespräche. Und ich sehe was von der Stadt. Als ich pensioniert wurde, meinten die Kollegen, ich soll mich hin und wieder mal blicken lassen. Habe ich einmal gemacht, und nach dem Händeschütteln war klar, dass ich nur störe. Der Mensch ist nicht fürs Alleinsein geschaffen. Ich habe eine Stammkundin, eine junge Frau aus Ilvesheim, nicht sehr hübsch, aber freundlich, die fahre ich zu ihren Treffen mit Bekanntschaften aus dem Internet. Ist ja nicht ganz ungefährlich. Ich warte vor der Tür, bis sie anruft, ob der Junge sauber ist. Letzte Woche kam sie nach fünf Minuten zurück und hat geweint. Gesagt hat sie nichts, nur geweint. Das ist ein ganz einsames Mädchen. Sie hätte gerne eine Katze, hat sie gesagt, aber das geht nicht wegen ihrer Katzenhaarallergie. Einen Vater oder eine Mutter hat sie auch nicht. Sie will mich mal zum Kaffee einladen. Aber ich weiß nicht: Ich bin doch bestimmt vierzig Jahre älter, ob ich da zu einer jungen fremden Frau in die Wohnung gehen soll? Mal sehen, sie hat sich allerdings schon lange nicht mehr gemeldet. Vielleicht hat sie ja einen Mann fürs Leben gefunden, und dann wird das nichts mit unserer Verabredung.

48

EINE GLÜCKLICHE FAMILIE
Arnsberg

Das war meine Mutter. Sie wollte wissen, wie es ist. Sie ist sechsundachtzig. Wenn Sie meinen Bruder und mich sehen, glauben Sie nicht, dass wir Zwillinge sind. Wir sind Dick und Dünn. Mein Bruder ist ein Freund von Lebensmitteln. Und bei mir regt Mutter sich auf, wenn ich nicht alles aufesse. Wir mussten Vater versprechen, dass der Erstgeborene das Taxi übernimmt. Das war ich, mit sieben Minuten Vorsprung. Mein Bruder ist beim Straßenbauamt. Ich sage ihm oft, wo eine Schaufel Teer in ein Schlagloch muss. Nach der Arbeit sitzen wir in der Küche und erzählen unserer Mutter, was über den Tag passiert ist. Sie kann prima kochen, auch wenn sie mit sechsundachtzig mal das Salz an den Kartoffeln vergisst. Später liest mein Bruder die Zeitung, die ich schon im Taxi gelesen habe. Ich mache Kreuzworträtsel. Das ist mein Hobby. Um acht sehen wir die *Tagesschau* und dann eine Quizsendung und raten um die Wette. Unsere Mutter schaut auch gerne Volksmusiksendungen. Bei Helene Fischer findet sie die Kleider zu kurz und die Ausschnitte zu tief. Na ja, ist eben eine andere Generation. Manchmal sehen wir Urlaubsfilme. Wo wir mit den Eltern waren: Borkum, Bodensee, Schwarzwald, Zugspitze. *Ihr sollt doch nicht im Sauerland versauern,* hat unser Vater immer gesagt. Ja, ich würde sagen, wir sind eine glückliche Familie.

49

DER HIMMEL VON KASACHSTAN
Düren

Eigentlich ich wollte bauen. Maurer. Bis ich tot bin. Habe gebaut in Kasachstan. Haus, Straße, Brücke. Alles. Dann kaputt. Rücken. Tausend Messer. Hier. *Is nicht gut für Mann, wenn Frau Steine trägt,* sage ich. Aber ich kann nicht selber tragen. Im Taxi auch Schmerzen, ja. Aber brauche Geld für Sohn. Macht Student, will Doktor werden. Für Rücken. Ich bin von Almaty. Kasachstan. War Sowjet. Nicht weit von China. Meine Frau ist deutsch. Meine Mutter ist geblieben in Almaty. Ist meine Heimat. Bin traurig, wenn ich sehe. Häuser schlecht. Fernsehen schlecht. Kino schlecht. Viel Wodka. Polizei schlecht. *Du bist zu schnell gefahren,* sagt Polizei. *Musst Strafe zahlen. – Nein, bin ich langsam gefahren,* sage ich. *Dann Strafe, weil zu langsam,* sagt Polizei. Gibt kein Gesetz. In Deutschland sucht Polizei nach Dieb. In Kasachstan ist Polizei selber Dieb. Vielleicht ist Polizei gar nicht Polizei. Weiß nicht. Nur wer stark ist, kann leben in Kasachstan. Chef von Taxi hat auch Rücken kaputt. Aber trotzdem Arbeit. Wie ich. *Dimitri, du bist mehr deutsch als Deutsche,* sagt Chef. Wir viel lachen über Rücken, aber tut trotzdem weh. Chef ist gut, und Deutschland ist gut. Bin ich tot, will ich in Himmel. Aber Himmel von Deutschland, nicht Himmel von Kasachstan.

1. FC KÖLN
Köln

Taxi fahr ich nur nebenbei. Meine Frau bekommt bald das zweite Baby. Neue Wohnung, mehr Miete. Mein Opa war Türke, mein Vater ist halbhalb, und ich bin Kölner. Genauer gesagt: FC-Fan. Wenn wir Meister werden, wird der Dom rot und weiß. Ja, wir sind Optimisten. Wenn der FC zwei Spiele gewinnt, frage ich nach Karten für die Champions League. Ich feier auch als Erster aus unserer Familie Karneval. Da hat mein Vater gemerkt, dass ich jetzt ganz Kölner bin. Dieses Jahr gehe ich als Bayer mit Lederhose und Gamsbart. In der Schule hat ein Kind gesagt, *Mesut, wieso verkleidest du dich als Pirat? Du bist doch schon als Türke verkleidet.* Da hab ich geweint. Aber sonst sind Kölner tolerant. In Köln lachen alle über alle. Sogar auf Beerdigungen wird gelacht, weil immer was Lustiges über die Leiche erzählt wird. Bei uns im Haus wohnt ein Dirk. Der ist noch mehr FC-Fan als ich. Sein Dackel hat ein Trikot und heißt Toni Schumacher. Dirk macht mit dem Dackel auf der Wiese Torwarttraining. Mein Baby kriegt auch sofort ein Trikot und einen Strampler vom FC. Ich will auch einen FC-Kinderwagen haben. Aber dann lässt meine Frau sich scheiden. Sie ist für Leverkusen. Ich liebe meine Frau. Aber Leverkusen ist ihr größter Fehler. Hauptsache, das Baby ist gesund. Und kriegt keinen Strampelanzug von Leverkusen.

51

NIGHT ON EARTH
München

Die meisten glauben, Taxifahrer sind verkrachte Existenzen. Bei mir ist Taxifahren eine Lebenseinstellung. *Wandle über die Welt und staune.* Ist nicht meins, jeden Tag dasselbe Büro und dieselben Gesichter. Ich hör 'ne Menge Zeug übers Leben im Taxi. Könnt ganze Bücher schreiben. Von der Liebeserklärung bis zur Scheidung, war alles schon dabei. Letzten Monat hab ich einen zum Stadion gefahren, und wir reden über Fußball, und dann kriegt der einen Anruf aufs Handy, seine Mutter ist tot. Ich bin dann Richtung Krankenhaus, und wir haben über den Tod geredet. Dass Taxi mein Traumberuf ist, hab ich schon als Student gemerkt. Die andern fuhren Taxi wegen der Kohle, bei mir war's Passion. Die andern sind jetzt Profs und Journalisten, und ich bin eben Taxifahrer. Kennen Sie *Taxidriver* mit De Niro? Oder *Night on Earth* von Jim Jarmusch? Mit Müller-Stahl als Taxifahrer in New York, der keine Straße kennt. Ich hatte auch mal einen, der einen Herzinfarkt bekam wie der Priester, der mit Benigni fährt. Mit dem Unterschied, dass ich's gemerkt hab. Tot war der trotzdem, weil ich nicht rechtzeitig am Klinikum war. Das Leben hat kein Happy End. Ich hab in mein Testament geschrieben, ich will im Taxi zum Friedhof gefahren werden. Wenn's irgendwie geht, sitzend.

52

RESPEKT
Hamburg

Mir ist nicht kalt, nein. In Indien haben wir auch Schnee. Ich trage immer Turban, aber nie Strümpfe. Ich will die Erde fühlen. Manche Deutsche sagen: *Sind Sie ein Taliban?* Was soll ich antworten? *Sind Sie ein Nazi?* Ich war Lehrer für Geschichte. Ich bin gern in Deutschland. Nur manchmal fehlt der Respekt. Man steht drei Stunden und wartet auf Fahrgäste. *Ich gehe nicht vom Berg, wenn ich nicht auf dem Gipfel war,* sage ich. Ich warte am Flughafen, drei Stunden, und dann kommen junge Leute mit großen Koffern. Ich denke, jetzt gibt es eine schöne lange Fahrt. Ich helfe bei den Koffern. Waren sehr schwer mit Aufklebern von Australien. Dann sagt der Mann die Adresse. Nur siebenhundert Meter vom Flughafen entfernt. Etwa eine Minute Fahrzeit. Die Leute haben da ihr Auto geparkt. Audi Q8. Wenn ich zwei Jahre Taxi fahre, habe ich nicht genug Geld für einen Q8. Die Fahrt kostete vier Euro und zehn Cent. Der Mann schimpfte noch, weil ich langsam war mit dem Wechselgeld. Trinkgeld? Nein. Ich war wütend und sagte, in Indien hätten die Menschen vor einem Tier mehr Respekt als Deutsche vor einem Taxifahrer. *Zieh erst mal Socken an, dann habe ich vielleicht Respekt,* sagte der Mann. Und hat gebellt wie ein Hund. Die Frau hat gelacht. Zum Glück sind nicht alle Deutschen so. Sonst wär ich schon lange wieder in Indien.

53

RADFAHRER
Köln

Sieh dir den Tünnes mal an. Was für 'ne scheele Nuss. Ja sicher, und jetzt kommt noch der Stinkefinger, weil ich hupe. War ja klar. Der Radfahrer is der natürliche Feind des Taxifahrers. Ich nenne die Terroristen auf zwei Rädern. Die fahren gegen die Einbahnstraße, über den Fußweg, die fahren bei Rot, und wenn du hupst, kriegst du den Stinkefinger. Hast du ja gesehen. Die Fahrradkuriere sind die Allerschlimmsten. Die sind sogar gemeingefährlich. Kannst du alle sofort von der Straße rammen, da tust du was Gutes. Generell fühlt sich der Radfahrer allen anderen Verkehrsteilnehmern moralisch überlegen. Er ist schneller als der Fußgänger und verpestet nicht die Luft wie der Autofahrer. Und aggressiv sind die: Nimm mal einem Radfahrer die Vorfahrt, der tritt dir in die Tür. Mir hat mal einer mit einem Nietenhandschuh aufs Dach gehauen. Danach konnte ich das Fahrzeug komplett lackieren lassen. Wobei der Radfahrer sich die Visage lackieren lassen musste. Aber unsere Politiker lecken den Radfahrern doch den Sattel. Pass auf, die machen aus der A 57 auch noch einen Radweg. Der Tag wird kommen, dann ist Autofahren unter Todesstrafe gestellt. Ich kann dann auf Rikscha umschulen, dass ich meine Familie durchbringe. Aber vorher schiebe ich noch ein paar Radfahrer von der Deutzer Brücke in den Rhein, so wahr ich hier sitze.

54

VÖLKERVERSTÄNDIGUNG
Wuppertal

Ich verstehe das Palaver nicht, wir hätten nur Probleme mit Ausländern. Im Taxi hab ich Probleme mit Ausländern und mit Inländern. Schlechtes Benehmen hat doch nichts damit zu tun, bei welcher Nationalhymne einer Pipi in die Augen kriegt. Ich bin auch Schiedsrichter. Kreisliga B. Tiefer geht's nicht. Ich bin einer von den Verrückten, die sich sonntags aufm Fußballplatz freiwillig zusammenschreien lassen. Schiedsrichterbeleidigung erkenn ich in jeder Sprache. Wenn einer sagt, das hieß nicht Penner, er hätte nur auf Türkisch seine Großmutter gepriesen, gibt's Rot. Vorm Anpfiff sage ich: *Ohrringe, Schwerter und Säbelmesser in der Kabine lassen, Tattoos können dranbleiben.* Dann sind schon mal alle am lachen. Wer einen Afrikaner als Arschloch bezeichnet, kriegt Gelb, bei Nigger gibt's Rot. Sagt ein Türke zu einem Deutschen Kartoffelfresser, gibt's auch Gelb, für Nazi oder Hitler gleich Rot. Zu den Turnieren bringen alle Essen aus ihrem Land mit: Die Türken futtern Kartoffelsalat, und wir Deutsche wissen, dass Couscous nichts Sexuelles ist. Wir brauchen keine Politiker für die Völkerverständigung. Wenn das aufm Platz nicht läuft, pfeif ich ab und hol mir die zum Mittelkreis: *Wir sind zwei Mannschaften aus zehn Nationen und fünf Religionen,* sage ich, *aber wir sind verdammt noch mal alle Fußballer.* Dann geht das Spiel weiter.

55

ABGANG
Bottrop

Ich bin in Uruguay hängen geblieben wegen Rosa. Tollste Frau von Welt. Ich war Monteur bei VW. Es gibt richtig viele Käfer da. Die Urus dachten, als Deutscher hätte ich Ahnung von deutschen Autos. Irrtum zu ihren Gunsten. Rosa ist mit vierundvierzig verreckt. Krebs in beiden Brüsten. Das war gemein von dem da oben. Bin dann zurück und auf die Taxe. Weltenbummler kriegen keine Rente. Ich werde im Taxi verenden. Steht hundertprozentig fest. Neben dem Taxi mach ich den Alles-muss-raus-Moderator. Ich moderiere Räumungsverkäufe. Reden kann ich ja. Und Trauerredner mach ich auch. Im Mai musste ich einen unter die Erde bringen, dem schaltete der Herrgott ausgerechnet im Puff die Pumpe ab. Manche Sünden werden sofort bestraft. Der alte Knacker war mit zwei Thai-Girls in der Badeoase und hatte sich übernommen. Was soll man über so einen sagen? Die Witwe wollte erst nicht zur Beerdigung kommen, so sauer war die. Ich hab Tage gegrübelt. Zu dem Abgang passte rein gar nichts. Ich hab dann von Rosa geredet, wie sie mit vierundvierzig sterben musste, obwohl sie der beste Mensch der Welt war, und dass sie den Verstorbenen in Empfang nehmen wird im Himmel, weil Rosa in jedem Menschen das Gute sah, *selbst in mir.* Alle lachten und heulten gleichzeitig, und der geile alte Sack kam so doch noch einigermaßen anständig unter die Erde.

56

KOPFSTEINPFLASTER
Halle

Natürlich hatten wir Taxen. Moskwitsch, Lada, Wartburg.
Das waren nur keine Angeberautos, die sollten bloß fahren.
Die Russen hatten auch Wolga und ZIL. Und ob die besser
waren als BMW und Mercedes. Wegen mir musste die Mauer
nicht weg. Ich denk heute noch, wir waren nicht hinter, wir
waren vor der Mauer. Wir hatten Kultur, wir haben Bücher
gelesen und gingen ins Theater und diskutierten, wie wir den
Staat noch verbessern könnten. Aber der Westen hat gewonnen, also fahren wir jetzt eben seine Autos. Die Uhr läuft ja
nie rückwärts. Im Taxi nicht und im Leben auch nicht. Das
ist der Überflieger. Das hässliche Ding wurde gebaut, weil
man nach der Wende da unten an der Kreuzung immer im
Stau stand. In der DDR hatten wir da noch keine Staus. Okay,
auch weniger Autos. Aber verstehen Sie, wie das läuft? In der
Fußgängerzone wurde Kopfsteinpflaster verlegt. Angeblich
wegen der Optik. Förderprogramm der EU. Das hat Millionen
gekostet. Der Einzige, der davon was hat, ist der Schuster: Es
treten sich ja alle auf dem Pflaster die Absätze weg. Meine
Frau und ich gehen da nur noch in Turnschuhen lang. Was
soll's, bald sind eh alle im Westen, und ich bin dann der Letzte,
der hier das Licht ausmacht. Nee, ich war noch nie im Westen. Und ich will auch nicht hin. Schon aus Prinzip nicht.

57

DEMO
Berlin

Wahrscheinlich sind Sie zu Fuß schneller. Wenn Sie aussteigen wollen, bitte. Nirgends steht man aus politischen Gründen im Stau, nur in Berlin. Heute ist Demo gegen den Krieg in Syrien. Ich habe noch von keinem Krieg gehört, der wegen einer Demo beendet wurde. Ich war bisher auf zwei Demos: das erste Mal, als sie bei der Post jeden Zweiten entlassen haben, weil nicht mehr so viele Briefe verschickt wurden wegen Internet. Ich war einer von den Zweiten. Briefbote war ein schöner Job. Jeden Tag an der frischen Luft, und die Leute freuen sich, wenn sie Post bekommen. Außer es kommt ein Einschreiben vom Finanzamt. Die Demo war der Post egal, und seitdem fahr ich Taxi. Ich habe meine Jungs aber trotzdem durchgebracht: Der Jüngere ist Cutter in Hollywood. Er cuttet Filmtrailer. Er wohnt in einem Apartmenthaus mit Pool und fährt einen Mustang Thunderbird. Meine Frau und ich wollen bald mal hin. Der andere ist Ingenieur der Abwassertechnik. *Geschissen wird immer,* sagt er. Der ist clever. Ich bin froh, dass sich die Jungs nicht ihren Vater zum Vorbild genommen haben. Postbote und Taxifahrer hat ja keine Zukunft. Meine zweite Demo war gegen Uber. Die machen Privattaxi übers Internet. Die Demo dagegen hat auch nichts gebracht. So, die Demo ist zu Ende. Aber der Krieg geht weiter, nehme ich an.

58

UMZUG
Wuppertal

Entschuldigung, das war mein Cousin. Ob ich wütend bin? Natürlich. Mein Cousin will umziehen. Mit meinem Taxi. Bin ich eine Spedition? Er ruft immer wieder an, jede Stunde, und ich sage immer wieder Nein. Er soll einen Lastwagen mieten für den Umzug. Mein Cousin sagt, *du hast einen Mercedes und du bist Familie. Wir müssen nur dreimal fahren.* Ich kenne mein Taxi, und ich kenne seine Wohnung. *Wir müssen zwanzig Mal fahren. Mach deinen Umzug mit der Schwebebahn,* hab ich gesagt. *Kauf dir eine Monatskarte und nimm mit, was in deinen Rucksack passt. Weihnachten ist der Umzug dann fertig.* Ich habe nur Spaß gemacht, aber mein Cousin versteht keinen Spaß. *Wir sind eine Familie, und die Familie hilft beim Umzug,* hat er gesagt. Er hatte eine Frau. Sie wollte nicht mehr bei ihm sein. Ist weggegangen. Mit einem anderen Mann. Weiß nicht, warum. Ich frage nicht. Mein Cousin ist sehr traurig. Hat geweint. Frauen dürfen weinen, aber doch nicht Männer, oder? Eine Frau sollte nicht weggehen von ihrem Mann. Mein Cousin arbeitet in Getränkemarkt. Fährt Gabelstapler. Im Getränkemarkt gibt es viele volle Flaschen. Ist nicht gut für meinen Cousin. Entschuldigung, er ruft wieder an. *Ja, ich habe noch einen Fahrgast... Nein, das Sofa passt nicht ins Taxi... Der Kühlschrank? Ja, der passt... ja, dann bis gleich...* So ist das mit der Familie. Man will Nein sagen, aber man sagt Ja.

59

SCHLAGER
Duisburg

Ich bin Witwe. Mein Mann war bei Krupp. Jetzt ist er genauso tot wie die ganze Firma. Er hatte es mit der Lunge. Im Taxi habe ich Gesellschaft. Und das Radio läuft den ganzen Tag. Am liebsten höre ich Schlager. Aber die spielen keine Schlager mehr. Als wären die Leute ausgestorben, die Schlager mögen. Ist doch verrückt. Beim Schlager kann man träumen. Dass die Welt schöner ist als in Wirklichkeit. Dafür gibt es ja die Schlager. Hier ist es ja nicht schön, hier geht doch alles über den Jordan, das weiß ich auch. Im Radio singen die nur noch auf Englisch. Und in der Straße, wo ich wohne, sprechen alle Türkisch. Ich bin die letzte Deutsche da. Türkisch versteh ich nicht und Englisch auch nicht. Ich war auf der Volksschule. Da hatten wir kein Englisch. Deshalb weiß ich auch nicht, wovon die im Radio singen. Ich fahre viele alte Leute zum Arzt. Die haben Krankheiten, die kennt man gar nicht. Manche sitzen da wie ein Häufchen Elend und sagen, in Rheinhausen gefalle es ihnen besser als im Paradies, und deshalb wollen sie noch nicht sterben. Da kommt einem schon mal ein Tränchen. Dafür sind die Schlager doch auch da. Dass man von den schlimmen Krankheiten abgelenkt wird. Die Schlager sind doch Medizin für die Seele. Verstehen die das denn nicht beim Radio?

60

RENTE
Bochum

Haben Sie sich mal gefragt, warum fast nur noch alte Männer Taxi fahren? Und ein paar alte Schachteln wie ich. Danke für das Kompliment, was trinken Sie? Ich bin vierundsechzig. In D-Mark wäre mein Rente okay, aber in Euro nicht. Jetzt ist Opel platt, und die ganze Stadt ist klamm. Die Wirte haben Frikadellen in der Vitrine, die da schon lagen, als der VfL noch in der ersten Liga spielte. Es fährt auch keiner mehr per Taxi zum Flughafen. Hatte ich früher so eine Fahrt, habe ich gleich im Pilsken angerufen und den Piccolo kalt stellen lassen. Das Beste waren die Krankenfahrten. Man bibberte mit den Krebskranken, dass die Chemo was bringt und man die noch möglichst oft zum Arzt fahren kann und die nicht auf den Leichenwagen umsteigen müssen. Und man führte Gespräche mit denen über den Sinn des Lebens. Ich hab oft einen Grubenelektriker kutschiert, der hatte von der Kohle eine pechschwarze Lunge. Wenn der im Taxi hustete, habe ich hinterher feucht durchgewischt. Bei der letzten Fahrt sagte er, *heute erfahre ich, ob ich noch drei Tage oder drei Wochen lebe. – Dann drücke ich Ihnen die Daumen für die drei Wochen*, habe ich gesagt. Na ja, die Krankenfahrten gibt's nicht mehr: Jetzt ist die AOK gesund, und die Taxifahrer sind krank. Von dem Elektriker habe ich nichts mehr gehört. Dann hatte er wohl nur noch drei Tage.

61

RAUCHEN
Essen

Riecht man das? Dabei hab ich extra den Kopf ausm Fenster gehalten. Normal rauche ich nicht im Wagen. Aber es ist es so verdammt kalt heute. Die Heizung? Nee, funktioniert nicht. Ich frier mir noch den Arsch ab in der Karre. Ist dem Chef wurst. Wir könnten auch eine rauchen. Das wärmt von innen. Außer dem Zigarettenanzünder und dem CD-Player funktioniert in der Karre so gut wie nichts mehr. *Heroes.* Mögen Sie das? Ich werd richtig nostalgisch. Zwei Leute sitzen im Taxi, hören Bowie und rauchen. *Und dann sind wir Helden, just for one day.* Wir haben doch sogar im Hörsaal geraucht. Und vor und während und nach dem Sex. Und Willy Brandt hat im Fernsehen geraucht. Das war noch Rock 'n' Roll. Ich hatte einen Kumpel, von dem dachten alle, der ist Franzose. Der rauchte das ganz harte Zeug. Der hieß bei uns nur Monsieur Boyards. Die Boyards waren in Maispapier gerollt und hatten mehr Teer als die Straße. Glaube, die sind inzwischen verboten. Monsieur Boyards gibt's auch nicht mehr. Lungenkrebs. Ich rauche bis zur letzten Zigarette. War immer schon Revoluzzer. Diese militanten Nichtraucheridioten tun so, als wären Raucher schlimmer als Kernkraftwerke. Ich lass mir an den Sarg einen Schornstein schrauben und werde diese Trottel noch aus der Gruft vollqualmen.

62

FUSSBALL UND POLITIK
Fulda

Wenn ich sage, ich bin aus Zypern, lachen die Fahrgäste. Die Deutschen lachen, weil Zypern ein Zwerg ist. Im Fußball. Wie Malta oder Andorra. Die Deutschen lachen auch über Länder, die keine Autos bauen. Die nehmen sie nicht für voll. Das stimmt, oder? Ich bin Experte für Fußball. Ich war Journalist bei *Cyprus Mail*: Zypern gegen San Marino, 2007 in Nikosia. 3:0 für uns. Ich habe darüber geschrieben. Meine Frau wollte unbedingt nach Deutschland. Okay, dachte ich, vielleicht braucht Deutschland einen Sportreporter. Aber sie nehmen keine Sportreporter aus Fußballzwerg-Ländern. Fußball ist Macht und Politik. Erst als die Deutschen 1954 Weltmeister wurden, haben sie den Krieg abgehakt. Vielleicht hätte es sonst einen Dritten Weltkrieg gegeben. Trotzdem wollen die Deutschen unbedingt jedes Spiel gegen Frankreich, Russland, USA oder England gewinnen. Weil das die Alliierten waren. Und was ist mit BRD gegen DDR? 0:1. Das war doch auch Politik. Die BRD hat verloren, weil es noch zu früh war für die Wiedervereinigung. So blieben die Leute in der DDR ruhig. Wussten Sie, dass oft Länder Weltmeister werden, wo der Faschismus war? Deutschland, Spanien, Argentinien, Italien, Uruguay. Alles Politik. Und wenn Franz Beckenbauer Präsident von Deutschland werden will, dann wird der auch Präsident.

63

DRACHE
Ulm

Taxifahren ist gut für Leute, die ihre Ruhe haben wollen. Man steht ja nur noch rum. Selbst Einbeinige gehen lieber zu Fuß, als sich ein Taxi zu gönnen. Früher winkten die Leute am Straßenrand, dass man dachte, die jubeln einem zu wie bei der Tour de France. Ich bin vierundsechzig. Ich fahre Taxi, nicht wegen Geld. Ich bin auf der Flucht. Vor einem Drachen. Der in meinem Schlafzimmer haust. Wie aus dem süßen Fräulein mit Wespentaille ein feuerspeiender Drache mit dem Rücken eines Flusspferds werden konnte, ist mir ein Rätsel. Am liebsten würde ich nur nachts fahren. Erlaubt sie mir aber nicht. Ich soll neben ihr liegen und sie bewachen. Dabei kenne ich nur Leute, die sich vor ihr fürchten. Mich eingeschlossen. Mein Drache hat doch mit allen Streit. Die Nachbarn kennt man nur noch vom Wegsehen. Mein Drache schnarcht und redet im Schlaf. Wenn sie sich umdreht, denken Sie, das Boot kentert. Jede Nacht rüttelt sie mich wach und erzählt mir ihre Träume. Die sind schlimmer als das mieseste Fernsehprogramm. Dann schnarcht sie weiter, und ich starre die Decke an. Sie lachen. Ich mache Ihnen einen Vorschlag: Ich gebe Ihnen die Wohnungsschlüssel, fahre Sie hin und erlasse Ihnen den Fahrpreis. Kommen Sie. Schlagen Sie ein. Das ist ein einmaliges Angebot, eine solche Chance kriegen Sie nie wieder.

HYUNDAI
Hamburg

Ist die SPD gut für Taxifahrer? Was meinen Sie? Ich bin für die SPD. Für wen sind Sie? Ah. Eine Frage: Ist die SPD gut wie Mercedes? Ist das beste Auto. Besser als Hyundai, stimmt? *Kauf einen Mercedes als Taxi,* habe ich zum Chef gesagt. *Für einen Mercedes gibt es zwei Hyundai,* sagte der Chef. *Aber mit Hyundai musst du zum Arzt gehen,* sage ich, *Hyundai ist eine Krankheit.* Man muss viel lachen im Leben. Lachen ist sehr gut für die Gesundheit. Mein Chef sagt: *Patrick, warum lachst du so oft?* Ich sage: *Ich lache oft, weil ich auf der Welt bin.* Ich komme aus Togo. War eine deutsche Kolonie. Mein Freund sagt: *Patrick, wenn du nachts im Taxi sitzt, sieht man dich nicht, so schwarz bist du.* Ist lustig, oder? Wenn ich sage, *ich habe einen deutschen Pass,* sagen manche Leute, *wieso hast du einen deutschen Pass, wenn du schwarz bist wie die Nacht?* Manche Deutschen haben Angst vor schwarzen Leuten. Ich habe Angst vor deutschen Leuten. Die Deutschen wissen nichts von der Kolonialzeit. Nicht alle Deutschen sind schlau, glaube ich. Aber Deutschland ist gutes Land. Das beste Land der Welt. Und Mercedes ist das beste Auto der Welt. Ich komme aus Togo, aber ich bleibe in Hamburg, sage ich. Was sagt die SPD? Sollen schwarze Leute weggehen aus Deutschland? Welche Partei muss ich wählen, die sagt, schwarze Leute können bleiben in Deutschland?

GLAUBEN
Leipzig

Als Taxifahrer fahre ich Sie, wohin Sie wollen. Aber als Mensch bin ich ausschließlich geradeaus unterwegs. Ich war und bin Kommunist. Aus Überzeugung. *Völker, hört die Signale.* Das ist mein Lieblingslied. Nee, ich war nicht in der SED. Ich hab geahnt, dass die Genossen vom Sozialismus nicht so überzeugt waren, wie sie immer taten. Die wollten schöne Datschen und schneller an ihren Trabbi ran. Darum ging's. Nach der Wende hatten die, wo eigentlich der Hals ist, ein Gewinde. Der Kommunismus ist ja an der Spezies Mensch gescheitert. Nicht an der Idee. Die Idee war gut. Wissen Sie, warum der Kapitalismus gewonnen hat? Weil die Kapitalisten an den Kapitalismus glauben und die Kommunisten am Kommunismus zweifelten. Glaubt eigentlich überhaupt noch einer an irgendwas? Glauben die Islamisten an die Jungfrauen im Paradies, oder wollen die die lieber schon auf Erden haben? Die Pfaffen glauben auch nicht an ihren Gott. Ich war Krankenpfleger. Ich habe auf der Intensivstation Pfarrer gesehen, die plötzlich Bedenken hatten, ob's nach dem Tod wirklich ins Paradies geht. Aber warum sollen Pfarrer an Gott glauben, wenn die Kommunisten nicht an den Kommunismus glauben? So wahr, wie ich Taxifahrer bin: Wenn ich meine allerletzte Fahrt in die ewigen Jagdgründe antrete, habe ich die Faust oben und die *Internationale* auf den Lippen.

66

DUMMHEIT
Dortmund

Fragen Sie mich mal, was ich von der Menschheit halte! Nicht viel bis nichts. Ich fahre seit siebenundzwanzig Jahren Taxi. Ich dachte nicht, dass der liebe Gott so viele Einzeller zum Leben erweckt. Ich stelle mich oft an die Uni, dass man mal Gespräche mit Niveau führt. Aber es gibt auch Akademiker, die hupen, bevor sie gegen den Baum fahren. Ich habe Wirtschaft studiert. *Na dann Prost,* sagen die Witzbolde. *Proust habe ich auch gelesen,* sage ich, aber das ist den meisten zu hoch. Viele Leute sind so dumm, da regle ich das Hörgerät runter. Mein Studium habe ich geschmissen, weil ich Tänzer werden wollte. Aber das ist 'ne andere Geschichte. Jetzt studiere ich die Menschheit. Da ist kein Numerus clausus vor, dafür reicht auch die Hauptschule. Ich sage oft zu den Fahrgästen: *Der Einbeinige sollte zwei Schuhe klauen, sonst fällt es auf.* Aber das ist denen auch zu hoch: Die Leute schießen sich noch mit der eigenen Pistole ins Allerheiligste. Gestern sehe ich einen an der Waschstraße, der sich den Schlauch von dem Staubsauger hinten an die Hose hält und die Augen verdreht. Dachte, er hätte Sex mit einem Elefanten. Was soll's: Gegen die Dummheit ist kein Kraut gewachsen. Ich kannte einen, den hat sein Alter gezwungen, Seiten aus dem Mathebuch zu fressen, wenn er eine Fünf geschrieben hat. Außer, dass der davon kotzte, hat das nichts gebracht.

POPSTAR
Duisburg

Sie fragen sich, woher Sie mich kennen? Ich war im Fernsehen. Bei RTL. *DSDS*. Beim Vorentscheid. Mit einem Song von Michael Jackson. *Beat it.* Früher war ich Installateur und hab verstopfte Klos ausgesaugt Wieso eigentlich?, hab ich mich gefragt, du kannst doch geil singen. Seitdem arbeite ich dran, dass andere mir das Klo reparieren. Ich hab in Köln bei den Fernsehjungs vorgesungen: *Du hast das Grinsen von einem Drogendealer, aber du singst wie ein Rotkehlchen.* So was hab ich da gehört. Ging runter wie Öl. Da gab's einen Erik, der wollte 'ne CD mit mir machen. Den habe ich ein paar Mal angerufen, und immer hatte ich seine Alte dran, bis die meinte: *Wenn du noch mal anrufst, beiße ich dir den Kopf ab.* Ich bin auch Sänger in einer Top-40-Band. Wir spielen auf Sommerfesten. Für vierhundert die Nacht. Durchs Fernsehen ging die Gage ganz schön hoch. Nee, leider nicht vierhundert für jeden. Für alle zusammen. Nach der TV-Show war ich beim Echo in Berlin geladen. Als da auch Led Zeppelin waren. Ich war aufm roten Teppich. Is 'n geiles Gefühl. Die Leute wollen sich unbedingt mit dir fotografieren, wenn sie dich aus dem Fernsehen kennen. Hat man einmal Lunte gerochen hat, will man unbedingt im Popgeschäft bleiben. Ich schaff das. Mich sieht keiner mehr mit dem Sauger in den Klos von anderen Leuten rumrühren.

68

EHRGEIZ
Düsseldorf

Mein Rücken fühlt sich an, als würden da tausend Schasch-likspieße reinstechen. Alle Taxifahrer haben Rücken. Für den Fernsehturm wird ein Aufzugführer gesucht. Der Job ist aber wahrscheinlich auch nichts für den Rücken. Klar mache ich Sport. Ich laufe. Allerdings nur ein, zwei Mal. Die Woche? Nee, im Jahr. Ich bin nicht so der Ehrgeizling. Eigentlich wollte ich Reisebusse fahren. Italien, Türkei und so. Reisebusfahrer sind fast so was wie Kapitäne oder Piloten. Aber die Prüfungen. Da fehlte mir mal wieder der Ehrgeiz. Busfahrer war auch nichts. Immer dieselben Haltestellen abklappern. Da fehlte mir die Freiheit. Mein Vater hat gesagt, *willst du eigentlich gar nichts vom Leben? Nicht mal erwachsen werden?* Da lag der Alte gar nicht so daneben. Kennen Sie das Gefühl, wenn Sie fünfzig sind, Kronen in den Zähnen haben und Ihnen die Haare ausfallen, und Sie kommen an einem Spielplatz vorbei und wollen am liebsten eine Runde schaukeln? Passiert mir oft, und manchmal mache ich das auch. Nee, ich bin nicht verheiratet. Welche Frau will denn schon einen Zocker wie mich? Nachts spiele ich an der Konsole und tagsüber im Taxi. Beim Zocken geb ich komischerweise nicht auf, bis ich den Highscore knacke. Ich habe schon Fahrgäste sausen lassen, weil ich das Spiel zu Ende machen wollte. Vielleicht bin ich doch ehrgeizig und weiß es nur nicht.

69

ZUCHTHAUS
Darmstadt

Ich war Polizist in Zuchthaus. Hab aufgepasst, dass keiner läuft weg aus Gefängnis. Alle wollen weglaufen von dort. Springen von Dach, graben durch Erde, Wachmänner totschlagen. Russisches Gefängnis ist nicht schön. Die Hölle. Da wohnt Teufel. Sehr gefährlich da. Für Polizei gefährlich und für Verbrecher auch. Sehen Sie hier am Hals? Hat Verbrecher gemacht. Mit Messer. Habe geblutet wie Schwein in Schlachthaus. Habe Glück gehabt, sonst ich wäre tot. Bin weg von Gefängnis. Will noch nicht tot sein. Warum Verbrecher Messer hatte? Weiß nicht. Polizei ist sehr streng zu Verbrecher in Russland. Aus meinem Gefängnis ist keiner weggelaufen. Wir hatten Schlagstock. Pistole. Tränengas. Verbrecher haben keine Seele, weißt du? Schlagen Polizist tot für einen Tag frei sein. Oder für Flasche Wodka. Deutschland ist gutes Land. Sehr gutes Land. Verbrecher wohnen im Gefängnis wie im Hotel. Habe Freund aus Russland. Hat Einbruch gemacht für Schmuck und Computer. Idiot. Ich habe Freund besucht in Gefängnis. Hat gelacht. Hat schöne Zelle und gutes Essen. Besser als in Restaurant, sagt er. Ist dick geworden. Zehn Kilo. In Russland wirst du dünn in Gefängnis. Oder du beißt ins Gras. Das ist Unterschied zwischen Gefängnis in Russland und Deutschland.

70

BÜCHER
Berlin

Ich lese jede Woche ein Buch. Ich habe ja Zeit im Taxi. Im
Iran war ich Bauingenieur. Ich habe mir Deutsch beigebracht
mit Lesen. In unserer Wohnung habe ich ein Zimmer nur für
Bücher. Meine Frau und ich haben kein Fernsehen. Wir lesen.
Manchmal lesen wir uns auch vor oder gehen zu Lesungen
von Schriftstellern. *Ein Buch ist ein wilder Garten, den man bei
sich trägt.* Kennen Sie das Sprichwort? Ich bilde mir ein, ich
kenne aus den Büchern fast jeden Ort der Welt. Gerade bin
ich mit einem Buch in Japan. Das ist sehr interessant, da war
ich noch nie. Im Taxi redet keiner über Bücher. Die Leute
reden nur noch über Fußball oder Fernsehen oder Autos. Das
ist doch erbärmlich. Wer soll denn die Menschheit vor der
Verdummung retten? Vielleicht Schriftsteller wie Herr Walser.
Der ist doch wunderbar. So ein kluger Mann. Habe alles gelesen von ihm. Ich liebe ihn. Habe früher oft Künstler gefahren. Wo sind die geblieben? Das waren Maler und Musiker
und Schriftsteller. Bin oft extra langsam gefahren, so interessant waren die Gespräche. Ich fahre jetzt öfter reiche Russen
als Künstler, die dummes Zeug über ihre Villen an der Côte
d'Azur oder ihre Lamborghinis reden. Ist doch belanglos. Ein
Schriftsteller, der Worte schreibt, die mich zum Weinen oder
zum Lachen bringen, ist viel interessanter.

71

SIERRA LEONE
Düsseldorf

Sierra Leone ist das schönste Land der Welt. Allein die Strände. Herrlich. Die hatten da ewig Krieg und hocken auf einem Haufen Diamanten und Gold und Platin. Trotzdem sind die Leute bettelarm. Wenn Sie aber die Armut übersehen und am Banana Island Beach liegen, glauben Sie, Sie sind im Paradies. Da sind auch immer große, hübsche Jungs mit Muskeln. Sie haben schon gemerkt, dass ich mich eher nicht für die Damenwelt interessiere, oder? Ich wollte gern noch ein paar Tage länger bleiben, aber Tobi wollte nicht, mein Freund. Er war eifersüchtig auf einen süßen Typen aus Reyno. Sam hat mich aber verrückt gemacht. Und mein Schätzchen kann ziemlich stur sein. Er ist Beamter beim Zoll, vielleicht deshalb. Wir sind rauf nach Marokko, und da gucke ich ins Internet, und mich trifft fast der Schlag: Kaum sind wir weg aus Sierra Leone, kommt da ein fürchterliches Unwetter runter, und danach liegen die Diamanten am Banana Island Beach wie Hagelkörner. Tobi sagt, vielleicht wärst du schon tot, wenn wir dageblieben wären. Die Einheimischen sehen das nicht gern, wenn man Diamanten vom Boden aufhebt. Vielleicht hat er recht: Wo Paradies dransteht, ist nicht immer Paradies drin.

SCHÖNE WELT
Mannheim

Sagen Sie, wenn ich zu langsam fahre. Ich fahre sehr lang-sam, stimmt. Ich will nicht sterben, wissen Sie? Wenn man jung ist, hat man keine Angst vor dem Tod. Wenn man aber alt ist, bekommt man immer mehr Angst vor dem Tod. Ju-gendliche denken, der Tod ist für alte Leute. Stimmt nicht. Der Tod ist auch für die Jungen. Ich hatte einen Freund, der hieß Andrej. Wir waren achtzehn und wollten noch lange leben. Andrej und ich waren Freunde in Lodz, und wir waren Brüder. Mein Vater hatte ein Motorrad. Eine CZ. Aus der DDR. Sehr schnelle Maschine. Wir wollten angeben, für Mädchen vor Diskothek. Dass wir schnell fahren können und stark sind und Muskeln haben und Mut. Es regnete, und die Straße war nass. Und Andrej ist gerutscht. Gegen die Mauer vom Friedhof. War tot. Sofort. Ich bin nach Hause gegangen ohne ihn und ohne Motorrad. Ich bin nie wieder Motorrad gefah-ren. Wegen Andrej fahre ich langsam. Ich will leben, nicht sterben. Andrej wollte auch leben. Er sagt es mir jeden Tag. Ich spreche mit Andrej, wenn ich allein bin in Taxi. Ich sage Andrej: *Ich bin traurig, dass du nur achtzehn Jahre auf der schö-nen Welt gewesen bist.* Ich hoffe, ich kann noch lange leben und Taxi fahren und Freunde haben. In Polen sagt man: *Wenn ich mal tot bin, werden mir die Stimmen im Restaurant fehlen.*

73

EINTAGSAMOURÖSEN
Berlin

Mit zunehmendem Alter denke ich oft, du fährst im Taxi durch das Museum deines Lebens. An jeder Ecke von Berlin sind ja Erinnerungen. Wir wohnten in Moabit und hatten ein Radio mit einem Netz vorne, das sich wie eine Damenstrumpfhose anfühlte. Als das Radio sagte, Berlin bekommt eine Mauer, heulte meine Mutter, und mein Vater hustete. Der hatte sich aus Stalingrad ein Lungenemphysem mitgebracht. Als Teenager fand ich die Mauer gut: Selbst mit einem Gesicht wie ein Kilo Sülze kamst du drüben auf deine Eintagsamourösen. Passierschein, zum Alex, nach einem Mädchen sehen, kleine Geschenke verteilen und ab in die Disco. Da wurde geküsst und gefummelt. Um spätestens zwei Uhr war man am Tränenpalast, und es ging zurück in die Freiheit. Telefonnummern brauchte man nicht, die Mädchen hatten ja kein Telefon. Zum Vergleich hatte ich dann mal eine aus dem Westen. Die hab ich hier unten kennengelernt, Nähe Kudamm. Erst waren wir da vorne am Europaturm Schlittschuhlaufen und dann im Yesterday. Als ich die beim Engtanzen küssen will, hab ich plötzlich eine hängen. Fragen Sie nicht, warum. Das war meine erste und letzte Begegnung mit einer aus dem Westen. Ich hatte noch viele Eintagsamourösen, bis die DDR Geschichte war. Wundert Sie nicht, dass ich mich gerne an die Mauer erinnere, oder?

Psychotherapeut
Kassel

Am Krankenhaus kommen immer gute Fahrten. Man hat einen Blick dafür, ob die Leute was Schlimmes erlebt haben. *Heute Morgen dachte ich noch, ich bin kerngesund, und jetzt hab ich Krebs im Endstadium.* Es gibt Kollegen, die meiden den Halteplatz am Krankenhaus, weil sie so was Trauriges nicht hören wollen. Vor Tagen hatte ich einen Fahrgast, dem liefen die Tränen nur so runter. Ich hab ihm ein Taschentuch gegeben und bin losgefahren. *Eben ist meine Mutter gestorben. Sie war mir der liebste Mensch auf der Welt,* hat er gesagt. Ich höre ihm gern zu, wenn ihm das hilft, hab ich gesagt. *Aber dann lassen Sie bitte die Uhr laufen,* hat er gesagt. Er erzählt, warum seine Mutter ihm der liebste Mensch auf der Welt war; dass sie seinem Vater eine Niere abgegeben hatte, der aber trotzdem starb. Und dass seine Mutter putzen ging, sodass er studieren konnte. Und nie wieder heiratete, weil der Sohn das nicht wollte. Deswegen machte er sich Vorwürfe. Er hat sich für das Gespräch bedankt und gezahlt und gesagt, wieso ich nicht Psychotherapeut werden würde, das läge mir doch bestimmt genauso gut wie Taxifahren. Dabei hab ich nur zugehört. Ich bin zum Halteplatz und hab meine Mutter angerufen. Wollte mal wissen, ob sie noch lebt. Sie ging sogar ran, und ich hab dann doch einfach aufgelegt. Warum wir keinen Kontakt haben? Ach, das ist eine andere Geschichte.

75

KUNST
Düsseldorf

Es kommen nicht viele Gastarbeiter aus Frankreich. Ich weiß.
Ich bin auch nicht wegen der Arbeit gekommen. Ich bin wegen der Liebe hier. Meine Frau hat Blumen gebracht zum
Grab von Jim Morrison. In Paris. Kennen Sie? Ich dachte, wir
denken dasselbe, wenn wir zu Jim Morrison gehen, weil wir
ihn vermissen. Es ist einunddreißig Jahre vorbei. Meine Frau
und ich lieben uns noch immer sehr. Und wir lieben die
Kunst. Die Kunst macht den Menschen die Augen auf. Warum müssen Diktatoren Angst haben vor der Kunst? Weil
Kunst den Menschen zweifeln lässt. Der Mensch fragt sich,
kann ich meinen Augen trauen? Stimmt es, was ich sehe,
oder ist es eine Lüge? Verstehen Sie? Das ist Politik. Meine
Frau ist Bildhauer, und ich male. Ich male, was ich in meiner
Seele sehe. Ich sehe die Liebe, ich sehe den Tod, ich sehe die
Sehnsucht. Wenn das Bild fertig ist, male ich weiße Farbe
darüber. Wie ein Tuch über eine Skulptur. Verstehen Sie? Unter dem Tuch ist mein Geheimnis. Ich kenne einen Maler aus
Frankreich: Er hat jeden Tag die Kirche vor seinem Fenster
gemalt. 365 Tage im Jahr. Man hat gesagt, der Mann sei verrückt, und er wurde in die Psychiatrie gebracht. Er ist dort
vom Dach gesprungen. Der Maler war nicht verrückt. Non.
Er hat immer dieselbe Kirche gemalt, aber nicht dasselbe
Bild. Verstehen Sie? Der Mann war mein Vater.

DICHTER UND DENKER
Hannover

Ich war Inspizient am Theater. Es wurde von der Stadt geschlossen. Wozu braucht der Mensch ein Theater, wenn er
ein Handy hat? Ich kapituliere vor der Primitivität meiner
Mitmenschen. Was meinen Sie, was ich hier im Taxi erlebe?
Mein Großvater mütterlicherseits war ein einfacher Schaff-
ner, der wegen eines Fahrkartenautomaten wegrationalisiert
wurde: Aber nie hätte er auf die Straße gespuckt oder in einen
Hauseingang uriniert. Und meine Mutter mit dem Kinder-
wagen und einer Flasche Bier auf der Hand? Undenkbar. Hier
im Taxi wird aufgestoßen, gebläht, transpiriert, telefoniert:
Ich höre nur *Spacko, Schwuler, Wichser, Opfer.* Diese Leute waren nie in einem Theater, geschweige denn haben sie je ein
Buch gelesen. Sie verständigen sich mit Grunzlauten. Sie
lachen, wenn sie auf der Straße einen Menschen mit nur
einem Bein sehen oder einen Mittellosen, der Pfandflaschen
aus dem Müll zieht. Sie haben keine Empathie, kein Mitgefühl, keinen Respekt, sie verfügen über eine Chuzpe, die
mich entsetzt. Und wissen nicht mal, was Chuzpe ist. Das
Volk der Dichter und Denker. Lachhaft. Es ist das Volk der
Analphabeten und Amöben, der Adipösen und Handysüchti-
gen. Ich bin noch zwei Jahre auf der Taxe. Ich sehe mich
nach etwas Einsamem um. In Norwegen gibt es ein Insel-
chen, auf dem nur Kaninchen leben. Vielleicht wär das etwas
für mich.

INTEGRATION
Duisburg

Die Merkel war auch schon da. Wir sollen die Asylanten integrieren. Vorne wurde geklatscht und hinten gepfiffen. In der *Tagesschau* brachten sie nur den Beifall. Jawoll, ich hab was dagegen, dat die alle herkommen. Aber dat darf man um Gottes willen nich laut sagen. Dann bist du ein Nazi. Ich bin seit '75 in der SPD. So viel zum Thema Nazi. Wenn Leute vorm Krieg abhauen, dann können die herkommen. Aber die nich verfolgt sind, nich. Sehen Sie den ALDI? Bis dahin verteilt die Polizei Knöllchen, dahinter is rechtsfreier Raum. Da trauen sie sich nur noch mit Panzerwagen hin. Ich wohn Parterre. Letztes Jahr haben die bei mir 'nen Bruch gemacht. Übern Balkon rein und alles weg. Laptop, Kamera, meine Uhr, der Schmuck von meiner Mutter. *Dat sind Banden aus Rumänien,* sagte der Polizist, *aber dat ham Sie nich von mir, sonst krieg ich 'n Diszi.* Und ich soll mir die Fenster vergittern lassen. Dann hocke ich im Knast, und die Gangster spazieren draußen rum. Ich glaub, es hakt. Wissen Sie, wat die Albaner hier machen? Schmeißen ihren Müll ausm Fenster. Die wohnen ja in Albanien auf der Müllkippe: Die kennen dat so. Mein Alter hat mir eine gelangt, wenn ich 'n Kaugummi auf die Straße gerotzt hab. Und zwar zu Recht. Ich weiß langsam nich mehr, wer sich hier bei wem integrieren soll. Aber vielleicht weiß dat ja die Merkel.

MUSIK
Hamburg

Komisch, oder, dass 'n Hippie Schlager hört? Bei uns zu Hause
drehte sich alles um die Mucke. Mein Alter hat vier Garten-
lauben für seine LPs, sortiert nach Schlager, Chanson, Rock
'n' Roll und Swing. Meine Alten ham sich beim Tanzen kennengelernt. *Ohne Sinatra gäb's dich gar nicht,* sagt meine Mutter. Der Alte hat in der Swing-Laube einen Besenstiel mit
einem Salzstreuer drangeklebt. Das ist sein Mikro. Er legt was
von Elvis auf und singt in den Salzstreuer. Jeder hat so seinen
Spleen. Ich war mal Schallplattenverkäufer. Hatten Leute
eine Melodie im Kopf und wussten nicht, wer der Sänger ist,
hab ich die vorsingen lassen. Und dann wusste ich es meist.
Die waren dann richtig glücklich. Ich fahr nur nachts.
Manchmal kriege ich von dem Sound die ganz große Sehnsucht: *Mendocino.* Kennen Sie das? *Make love along the way in
Mendocino.* Einmal will ich nach San Francisco. Glauben Sie
nicht, oder? Dass der fette Spinner den Hintern hochkriegt
für Kalifornien. Ich glaub es selber nicht. Aber träumen darf
man ja wohl. Mein Alter sagt, ich könnte mal seine Platten
verkaufen. Die wären Millionen wert. Schön wär's. Bis auf
ein paar Spinner will doch kein Mensch mehr Vinyl haben.
Wenn's so weit ist, setz ich mich auf die Veranda, dreh mir
einen Joint und höre die Platten von meinen Alten. Bis ich da
durch bin, bin ich hundertvierzig.

ÄRZTE
Hannover

Meine Hand? Ist kaputt. Habe einen Saab 9000 repariert, und die Motorhaube fiel runter. Meine Hand war dazwischen. Mit einer Hand kann man nicht Automechaniker sein. Schade. Guter Job, wir hatten 38,5-Stunden-Woche. Und viele nette Kollegen. Die Kollegen haben immer Witze erzählt. Den ganzen Tag Witze. Durch die Witze habe ich Deutsch gelernt. Ich komme aus Pakistan. Taxi fahre ich seit elf Jahren. Für das Taxifahren braucht man nur eine Hand. Ich habe zwei Söhne. Sie leben in Pakistan. Sind beide Ärzte. In Pakistan haben wir warme Krankheiten: Malaria und Fieber. In Deutschland gibt es kalte Krankheiten wie Krebs. In Pakistan lebt ein Arzt wie ein Multimillionär. Warum? Man muss sehr viel Geld bezahlen, wenn man zu einem Arzt geht. Die Leute gehen in Pakistan zum Arzt, wenn sie schon krank sind. In Deutschland geht man zum Arzt, wenn man noch nicht krank ist. Weil die Krankenkasse bezahlt. Für den Arzt ist Pakistan besser. Für die Gesundheit ist Deutschland besser. Eine Tochter habe ich auch. Sie wird Kinderärztin. In Heidelberg. Ja, ich bin sehr stolz auf meine Kinder: Ich bin der einzige Taxifahrer der Welt mit drei Ärzten. Leider kann kein Arzt meine Hand wieder gesund machen. Meine Kinder auch nicht. Aber ich habe lieber drei gute Kinder als zwei gesunde Hände.

80

HANDICAP
Münster

Ich fahre fast nur Stammkunden: Geschäftsleute, Kranke oder Leute mit Handicap. Bevor Sie den Spruch machen: Handicap hat nichts mit Golf zu tun. Ich hab auf Sozialpädagogik studiert, aber Uni war nicht so meins. Ich bin nur sozial ohne Pädagogik. Behinderte sind übrigens nicht generell mies drauf. Ich kenne mehr Gesunde, die mies drauf sind. Ich fahre einen Einbeinigen. Hatte einen Motorradunfall. Der jagt die Sprüche nur so raus. Der sagt, es ist Diskriminierung Behinderter, dass er Schuhe nur im Paar kaufen kann. Ich hab ihm gesagt, er soll die überflüssigen Schuhe bei eBay verticken. *Das war der beste Tipp, seit mein Vater mir gesagt hat, ich soll nicht bei Glatteis Motorrad fahren,* sagt er. Der kriegt die Schuhe los und hat noch andere Einbeinige kennengelernt. Dann ist da Tom. Der ist von Geburt an blind. Einmal die Woche machen wir unsere Exkursion. Tom hat noch nie was anderes gesehen als eine schwarze Wand. Sie können ein Fahrrad auch Wellensittich nennen, das sind für den nur Worte. Ich halte irgendwo an, und dann umarmen wir was: einen Baum, eine Laterne, oder wir streicheln Parkbänke. Klar, die Leute halten uns für verrückt. Jetzt will er unbedingt selber Taxi fahren. Und ich soll ihm sagen, was er tun soll. Ich bin noch am Überlegen. Was meinen Sie denn? Würden Sie sich von einem Blinden fahren lassen?

ERZIEHUNG
Hamburg

Die Jugend von heute hat doch nicht mehr alle Nadeln auf der Fichte. Ich bin Kommunist. Und das sind Kapitalistenblagen. Vollgestopft mit Geld, dass die nicht rummotzen. Ich bin siebenundfünfzig und kann mir ein Taxi nur leisten, wenn ich selber der Fahrer bin. Die hatten doch keine Erziehung. Benehmen sich, als wären sie von der Wickelkommode gefallen. Wenn die einsteigen, sind die so dicht, die wissen nicht, ob sie nach Barcelona oder nach Blankenese wollen. Und dann heißt es: *Ey, Alter, jetzt dreh aber mal die Mucke auf.* Der Fahrgast ist König, aber bei mir gibt's nur Jimi Hendrix. Und dann werden die frech: *Was is 'n das für 'ne Scheißmucke?* Ich war nicht auf den Barrikaden, um mir so was reinzutun. Ich war gegen alles: Fahrpreiserhöhung, Mietwucher, Atomkraft, Nachrüstung. Und für die RAF. Die halten die doch für 'ne Oldies-Band aus England. Mein Alter hat mich in den Wahnsinn getrieben mit seiner Erziehung. Bei mir zu Hause war mehr verboten als in Guantanamo. Deshalb war ich auf den Barrikaden; deshalb bin ich doch Nonkonformist. Als es bei meinem Alten zu Ende ging, wackelte das Bett, so hat der gezittert. *Junge, vielleicht war ich manchmal zu streng zu dir,* hat er gesagt. *Bei mir konntest du nicht streng genug sein,* hab ich geantwortet. *Dann bin ich beruhigt,* meinte er. Und dann war er tot.

HÜFTGOLD
Saarbrücken

Saarländer sind ja Gourmets. Haben Sie schon mal Dibbe-
labbes gegessen? Müssen Sie unbedingt mal probieren.
Kochen ist mein Hobby. Na ja, eigentlich eher essen. Sehen
Sie ja am Hüftgold. Alle paar Monate mach ich Diät. Obwohl
ich gegen manche Leute, die ich fahre, noch unterernährt
bin. Letzte Woche hatte ich Vater, Mutter, Kind. Wo normal
Hälse sind, war bei denen nur Fett. Und die hatten Bauch-
schürzen wie Weinfässer. Die haben mir mit ihren dicken
Hintern den Wagen tiefergelegt. Der Gurt klemmte unter der
Frau, den kriegte ich nicht vor. Der Alarm hat bis Völklingen
durchgebimmelt. Und die redeten nur übers Essen. Dem Vater schmeckte die Pizza Salami besser als die mit Thunfisch.
Also hat der zwei Pizzen verputzt. Der Tochter war die Cola
zu warm, und die Mutter hatte zu wenig Sahne auf dem Eis.
Hoffentlich haben Oma und Opa was gekocht, sagte die, sie
habe schon wieder Appetit. Dann lachten alle, und es wurden Schokoriegel verteilt gegen den kleinen Hunger. Ich dachte, fahr bloß nicht mit dieser Fracht durch ein Schlagloch,
sonst sacken dir die Achsen durch. Schwertransport. Als wir
ankommen, warten Opa und Oma schon vorm Haus. Spin-
deldürr die beiden, nur Haut und Knochen. Haben geholfen,
ihre fette Brut aus dem Wagen zu ziehen. Ich konnte drei
Tage nichts essen. War die beste Diät, die ich je hatte.

83

NATASCHA
Stuttgart

Ich fahre viele Männer zu den Mädchen. Ja. Bordell ist da unten. Wo das rote Licht ist. Manche Männer sagen: *Fahr mich zu den Mädels.* Andere sagen: *Wo ist denn noch was los heute?* Manchmal mache ich Spaß und sage: *bei McDonald's.* Ich bin Taxifahrer. Ist mir egal, was ein Fahrgast macht. Ich habe einen Kunden, den bringe ich jeden Tag zu Haus Nummer 6. 6 wie *Sex.* Der bleibt zehn Minuten, und dann fahren wir zurück. Ich weiß nicht, was macht der in zehn Minuten bei dem Mädchen? Nein, ich frage nicht. Der Taxifahrer fragt *wohin,* aber nicht *warum.* Ich komme aus Prag. Viele Mädchen sind damals mit Touristen aus Westdeutschland ins Hotel gegangen. Sie haben gelacht, weil wir Jungs kein Auto hatten und Jeans aus der DDR. Ich war sehr wütend. Egal, ist lange her. Jede Nacht um drei hole ich Natascha ab. Sie arbeitet in Haus 4. Da ist es immer sehr heiß. Die Mädchen sind fast nackt, sie werden sonst krank. Ich sage: *Hast du Steine in der Tasche?* Natascha lacht. Vielleicht macht sie Sadomaso. Natascha wohnt in Winnenden. Sie hat zwei Kinder. Vielleicht stimmt das auch nicht, und sie heißt auch nicht Natascha. Die Lüge gefällt den Mädchen besser als die Wahrheit. Ich habe zu Natascha gesagt: *Wie lange willst du noch arbeiten im Bordell?* Natascha hat gesagt: *Bis du nicht mehr meine Tasche trägst.*

84

WATTEBÄUSCHCHEN
Göttingen

Ich habe zwei Jobs: Taxifahrer und Autopfleger. Manche Leute fahren Schlitten, die kosten mehr als eine Villa. Mit solchen Schleudern fährt keiner durch die Waschstraße. Die gibt man zum Autopfleger. Heißt auf Deutsch: An den Lack dürfen nur Mikrofasertücher und Wasser. Neulich hatte ich einen Ferrari zum Reinigen; ich dachte, der kommt von der Rallye Paris–Dakar und auf den Sitzen ist eine Kiste Orangensaft geplatzt. Hat eine Woche gedauert, bis ich den überall sauber hatte. An einem Teerfleck habe ich einen halben Tag gearbeitet. Da geht man ran mit Lupe, Nagellackentferner, Wattebäuschchen und Rasierklingen. Aber ganz, ganz vorsichtig. Zu Hause bin ich auch für die Sauberkeit zuständig. Ich sehe auch den Staub, den der Sauger übersieht. Den Job als Autopfleger hat mir das Arbeitsamt besorgt. Zuerst haben die Altenpfleger verstanden und mich zu einem Seniorenstift geschickt. Aber das ist nichts für mich. Hört sich vielleicht herzlos an, aber ich schrubbe lieber mit 'ner Zahnbürste die Speichen eines Maserati blitzblank, als einem Wildfremden den Hintern zu wischen. Wenn ein feines Auto blinkt und glänzt und die Ledersitze nach freier Wildbahn duften, bin ich zufrieden. Bis der Besitzer durch die nächste Pfütze rauscht, dass es nur so spritzt. Das tut doch in der Seele weh. Aber so ist nun mal das Leben.

AUF DER FALSCHEN SEITE
Berlin

Zum Fernsehturm? Gerne. Was machst du da? Ach, geht mich nichts an. Bin von Natur aus neugierig. Ich war mal Polizist. Vielleicht deshalb. Und Kommunist und schwul. Nee, West-Berlin. DDR war doch Schrebergartenkommunismus bei dem Oberspießer Honecker. Schwuler, kommunistischer Polizist hört sich komisch an. Ich weiß. Bin Streife gelaufen, haben die Junkies und Penner vom Kudamm gejagt. Die Bonzen wollten ja unbehelligt zu den Banken und Juwelieren und ins Kempinski und zum KaDeWe. Wir hatten Fotos von Terroristen. Falls wir auf dem Kudamm mal einem begegnen, sollten wir den festnehmen oder erschießen. Die Gesichter gefielen mir. Ich bin dann auf die richtige Seite gewechselt. Nee, lass mal, Chef, darüber kann ich nicht reden. Wäre übrigens mal wieder Zeit für ein RAF-Revival. So 'ne richtige Gerechtigkeitsguerilla. Guck dir doch mal an, wie viele Leute den Kopf in den Mülltonnen haben. Die trinken Kaffeepfützen aus und fressen Pizzareste zu Ende. Das ist doch unmenschlich. Und die Bonzen legen für ein Mittagsmenü mehr hin, als ein Hartzer für den ganzen Monat hat. Und setzen das dann bei der Steuer ab. Ist das gerecht? Und Demokratie? Zynismus ist das. Sollten jemals wieder Reifen brennen und Mollis fliegen und Barrikaden stehen, bin ich auf der richtigen Seite dabei.

86

FRAUEN
München

Ich war Bauingenieur in Krakau. Polen war kein Gefängnis, das war reine Propaganda des Westens. Krakau hatte wunderbare Restaurants und Cafés und die schönsten Frauen. Ich wollte keine Revolution. Nach der Revolution war ich meine Arbeit los. Und in die schönen alten Cafés zogen McDonald's und Kentucky Fried Chicken ein. Zum Glück waren die Frauen noch da. Ich habe immer die Frauen geliebt. Ich war drei Mal verheiratet. Mir ist das Leben zu lang für eine Frau. Aber das dürfen Sie einer Frau niemals sagen. Sagen Sie ihr: *Warum ist das Leben nur so kurz? Ich möchte doch noch tausend Jahre mit dir verbringen.* Und sagen Sie Ihrer Frau, sie ist die schönste Frau der Welt. Auch die klügsten Frauen hören lieber eine schöne Lüge als eine hässliche Wahrheit. Ich bin nach Wien wegen der Liebe. Ingrid war die schönste Frau von Wien, jedenfalls solange wir zusammen waren. Mit meinem Schwager hatte ich ein Baugeschäft. Wir haben das schönste Bordell von Wien gebaut. Leider hat mein Schwager vergessen, Steuern zu bezahlen. Er ist weg. Mit meiner Frau. Meine Schwägerin hat mich getröstet, und ich habe sie getröstet. War aber nicht von Dauer, und ich bin nach München. Ich muss noch Schulden abbezahlen, bis ich hunderteinundvierzig bin. Ich habe eine neue Frau. Sie kommt aus Saigon. Was will ich mehr? Ich werde hunderteinundvierzig Jahre alt, und in meinem Bett liegt die schönste Frau Vietnams.

87

FRISEUR
Hamburg

Meine Frau und ich hatten zusammen einen Friseursalon. Wir machen uns immer noch gegenseitig die Haare, aber nach dreißig Jahren im selben Geschäft brauche ich tagsüber ein bisschen Auslauf. Sie kommt gar nicht dazu, mir einen Einkaufszettel zu schreiben, da sitze ich schon auf der Taxe. Wir haben nicht viel Rente, und es bringt auch ein paar Euro ein. Ich fahre nur tagsüber, da schlafen die Verbrecher. Wenn ich morgen tot bin, sage ich dem lieben Gott noch schnell Danke für ein schönes Leben. Ich bin drei Tage nach dem Krieg geboren; ich kenne nur Frieden, und wir hatten immer was zu essen. Meine Frau und ich hatten ein wunderbares Leben. Und unsere Kinder auch. Sie haben den Salon übernommen und schon fünf Filialen aufgemacht. Hoffentlich bleibt das alles so. Seit ein paar Jahren frage ich mich, was für eine Welt wir unseren Kindern hinterlassen. Ich habe nichts gegen Flüchtlinge, aber jetzt kriegen wir wieder Gettos für die Armen, und überall auf der Welt brennt es. Wo kommt der Hass her bei dem Wohlstand? Vielleicht sind die siebzig Jahre, die ich lebe, eine zu lange Zeit für den Frieden. Vielleicht muss es dann wieder Krieg geben. Ich hoffe nicht, aber ich denke es trotzdem.

SCHAUSPIELER
München

Zu den Kammerspielen? Wird g'macht. Finden S' das gut? Ich
halt nichts vom Theater. Ich fahr seit vierzig Jahren Taxi. Ich
kenne das Leben. Ich hab schon jeden Typ Mensch kutschiert.
Einmal sogar einen Mörder; hab nicht gewusst, dass der grad
eine abgestochen hatte wie a Schweinerl. Im Theater war ich
nur als Bub. *Peterchens Mondfahrt.* Als die Amis auf dem Mond
warn, hab ich g'sehn, wie's wirklich ausschaut da oben. Das
Theater wollt uns verarschen mit *Peterchens Mondfahrt,* hab
ich gedacht. Ich hab mal zwei junge Leut im Auto g'habt, die
war'n Schauspieler und guckten wie das Leiden Christi. Das
war 'ne gute Fahrt, bis nach Nürnberg. Saßen hinten und
haben ihre Rollen g'sprochen. Es ging um Liebe. Echte Menschen hab ich noch nie so reden hör'n. Beim Aussteigen hab
ich g'fragt, was das für Leute sind, die sie spielen? Sie wär'n
ein Anstreicher und eine Tramfahrerin, die sich in der Tram
verlieben, haben's g'sagt. Aber wenns die so reden, lan-
den die nie im Bett zusammen, hab ich g'sagt. Da warn's beleidigt. Mir egal, ich geh ja nicht ins Theater. Ich hab mein
Theater im Taxi.

89

ADIPÖS
Mülheim a. d. Ruhr

Okay, ich weiß selber, dass ich zu fett bin. Müssen Sie nicht sagen, ich kann Gedanken lesen. Was ich wiege? Das Doppelte von der Hälfte. Wenn Sie Angst haben, wir könnten in den Kurven umkippen, lehne ich mich zu Ihnen rüber. Aber nicht falsch verstehen, ich bin nicht schwul. Ich weiß auch nicht, warum der Daimler den Schaltknüppel so nah ans Bein baut. Den Rückwärtsgang kriege ich nur rein, wenn ich mir das Knie verdrehe. Automatik? Nee, das ist was für schwule Mädchen. So hieß mal ein lustiges Lied. Ich kann den Lenker mit dem Bauch halten und hab die Hände frei zum Beten. Spaß, mache ich nur bei Leerfahrten. Manchmal fragen Leute in der Zentrale, ob einer für sie einkaufen geht. Lehne ich ab, weil ich denen doch die Tüten leer futtere. Adipös hört sich eleganter an als fettleibig. Mich hat mal einer von RTL gefragt, ob ich bei einer Show mitmachen will, wo man um die Wette abnimmt. Ich mach lieber bei einer Show mit, bei der man um die Wette zunimmt, hab ich gesagt. Ich bin auch lieber dick als doof. Dick ist mein Markenzeichen. Ich habe Kunden, die wollen nur noch von dem Dicken gefahren werden. Falls ich Ihnen den Koffer tragen soll, müssen Sie mir aus dem Wagen helfen. Ich gebe auch Trinkgeld. Und essen Sie eine Pizza für mich mit. Und denken Sie an mein Motto: Lieber satt sterben als mit schlechter Laune.

90

KORAN
Hamburg

Manche glauben, alle Moslems könnten den Koran auswendig und liegen dauernd auf dem Gebetsteppich. Und wann soll ich dann Taxi fahren? Ich bin Iraner und Moslem, aber bei uns zu Hause lag der Koran immer in der Ecke. Ich muss kotzen, was die Fanatiker im Koran oder in der Bibel lesen. Was da angeblich alles drinsteht. Vielleicht haben die einen anderen Koran als ich, aber in meinem Koran steht nicht, dass man besser tot ist als lebendig. Als der Koran und die Bibel geschrieben wurden, wusste doch keiner, was heute auf der Welt los ist. Die das geschrieben haben, sind doch noch auf Eseln geritten und wussten nicht, wie es hinter dem nächsten Hügel aussieht. Ich sage immer, vom Koran und der Bibel ist das Verfallsdatum abgelaufen. Meine Mutter hatte auch nie ein Kopftuch, die trug Minirock und hat geraucht. Und gelacht hat sie, weil ihr das Leben Spaß machte. Das habe ich von ihr geerbt. Ich bin muslimischer Hedonist. Früher war ich Punk, ich habe gesoffen und rumgehurt und Drogen eingeworfen. Warum muss ich erst sterben, um ins Paradies zu kommen? Ein Joint, ein geiler Sound, eine scharfe Alte und beim Sex aufs Meer gucken, das ist das Paradies.

91

ÖLAUGE
Bremen

Ich bin in Bremen geboren, ich war noch nie im Iran, aber für die Deutschen bin ich ein Ausländer. In der Grundschule sagte ein Junge, *du bist ein Ölauge.* Meine Mutter wusste auch nicht, was das ist. Also habe ich den Jungen gefragt: *Was ist ein Ölauge?* Er meinte, da müsste er mal seinen Vater fragen. Ich habe oft Missverständnisse mit Deutschen. Da fahre ich einen Ossi, und der fragt, wie es mir als Araber gefällt in Deutschland. *Was glaubst du, wer dein Begrüßungsgeld bezahlt hat, du Trottel,* habe ich gesagt, *das war mein Vater.* Stimmt nicht ganz, aber im Prinzip schon, mein Vater war ja meistens arbeitslos. Der hat alles verkackt. '68 war er politisch, wir haben ein Foto, da ist er mit Rudi Dutschke drauf, in West-Berlin, und da sind auch Polizisten mit Schlagstöcken. Er wollte Ingenieur werden, aber es hat nur zum Stahlkocher gereicht. Wenn er von der Maloche kam, hat er die Wand angeguckt. Jetzt ist er tot. Vorletzte Woche wollte ein Syrer, dass ich ihn nach Kopenhagen bringe. *Ich fahre nicht mit dem Taxi nach Dänemark,* habe ich gesagt. Er brüllt, ich sei ein beschissener deutscher Ungläubiger. *Nee, ich bin ein Ölauge,* habe ich gesagt, *und wenn du nicht gleich abhaust, kriegt du was aufs Maul.*

FLÜCHTLINGE
Dortmund

Meine Eltern wollten nach Deutschland, ich nicht. Mir gefiel es in Pakistan. Ein Kind will zu Hause bleiben. Wir waren arm, und wer arm ist in Pakistan, der bleibt arm. Man kann nicht auf ein Amt gehen, eine Nummer ziehen und wird aufgerufen. Man muss Geld mitbringen, sonst wartet man, bis man tot ist. Mit dem Leben in Pakistan komme ich nicht mehr klar. Ich bin jetzt Deutscher. Mir gefällt es in Deutschland besser als vielen Deutschen. Wir können nicht alle Flüchtlinge aufnehmen. Am Bahnhof haben sie Flüchtlinge mit Blumen und Applaus begrüßt. Ich wurde in der Schule mit einem Tritt in den Bauch begrüßt. Habe verstanden, dass ich erst die Sprache lernen musste. Wenn die Deutschen einen Zaun hochziehen wie die Ungarn, sagen alle, wir sind Nazis. Aber die Deutschen sind keine Nazis. Hooligans sind Nazis. Die sind eine Schande für den BVB. Wenn ich Hooligans sehe, bin ich kein Taxi mehr, auch wenn die mit dem Taxi bis nach München wollten. Deutschland ist selber schuld an der Fluchtlingsmisere. Wir schicken Waffen nach Syrien. Dann gibt es dort Krieg, und die Menschen flüchten. Jetzt sind die deutschen Waffen in Syrien, und die Syrer sind in Deutschland. So einfach ist das.

93

ESEL
Bonn

Wie es ist? Beschissen ist. Ich bin zweiundvierzig und habe alles falsch gemacht. So ist. Ich habe in Türkei BWL studiert. Habe deutsche Frau getroffen. In Istanbul. Frau war in Urlaub. Das war schön. Wir haben Kind gemacht. Dachte, sie nimmt Pille. Dann wollte Frau nach Deutschland. Ich nicht. Bin dann doch nach Deutschland. Wegen Kind. Wir haben noch ein Kind gemacht. Und ich habe Taxi gefahren. War nicht fertig mit Studium. Und jetzt bin ich Taxifahrer. In Istanbul wäre ich Manager. Und nicht geschieden. Ich liebe meine Kinder. Aber meine Frau hasse ich. Wenn sie nur anderen Mann für Bett nimmt, ist nicht so schlimm. Aber sie will Geld, immer nur Geld, Geld, Geld. Wir waren öfter in Gericht als in Bett. Ich habe graue Haare wie ein Esel und bin arm wie ein Esel. Ich bin ein Esel. Vater von meine Frau ist ein Nazi. *Ich will keinen Türken als Schwiegersohn. Türken sind schlimmer als Juden*, hat er gesagt. Sie kriegt kein Erbe, wenn sie einen Türken hat. Dann hat sie gesagt, ich soll verschwinden. Wegen Erbe. Geht immer nur um Geld, Geld, Geld. Sagen Sie mir, was ich tun soll. Soll ich Kinder abholen und mit Taxi nach Istanbul fahren?

FUSSABTRETER DER NATION
Solingen

Ich hatte nie schöne Jobs. War mal Kellner bei einem Italiener. Habe mit italienischem Akzent gesprochen. *Ciao bella* und so. Ich bin Deutscher und der einzige italienische Kellner, der Volker heißt. Ging nicht mehr wegen Rücken. Der ist kaputt. Irreparabel. Kellner werden genauso schlecht behandelt wie Taxifahrer. Wir sind die Fußabtreter der Nation. Letztens fuhr ich durch eine Einbahnstraße, und mir kommt eine Alte im Cabrio entgegen und fährt mir in den Wagen. Und schimpft, ich wäre ein Primitiver, sie wäre sogar mal von einem Taxifahrer vergewaltigt worden. Zu den Polizisten sagte sie, die seien auch Primitive. Die haben sich das gefallen lassen, und als ich die Alte anzeigen wollte wegen Beleidigung, sagt der Polizist, das bringe doch nichts. Gehört anscheinend zum Taxifahren und zum Polizeijob, sich beleidigen zu lassen. Wegen Rücken kann ich nicht gehen und nicht sitzen. Am Halteplatz stehe ich neben dem Taxi. Die Kollegen haben Fotos von mir gemacht, wie ich im Regen neben dem Wagen stehe. Die Fotos können Sie sich im Internet angucken. Wenn der Rücken irgendwann auch im Stehen wehtut, fahre ich mit meinem Taxi direkt in die Schrottpresse.

95

STEVE JOBS
Mannheim

Ich unterteile die Menschheit in Loser und Winner. Taxifahrer sind Loser. Ich bin Deutsch-Italiener. Mein Großvater war ein Vollloser, der hat im Lager geschuftet. BASF. Mein Vater ist Halbloser. Der führt eine Pizzeria. Ich werde der erste Winner der Familie. Ich fahre Taxi nur nebenbei, ich baue gerade einen Online-Vertrieb auf. Wofür? Geschäftsgeheimnis. Kennen Sie Jeff Bezos? Dem gehört Amazon. Was nützt es, das Rad zu erfinden, wenn du nicht drauf kommst, Autos zu bauen? So ist es auch mit dem Internet. Bezos hat das Internet nicht erfunden, aber er hat kapiert, was das Internet kann. Steve Jobs war noch größer. Der Jesus Christus unserer Zeit. Einmal haben sie ihm ein neues iPhone gebracht, und er hat es in ein Wasserglas gelegt; und als da Blasen aufstiegen, hat er die Leute entlassen. Warum? Weil noch Luft in dem iPhone war für einen Chip. Deshalb. Vielleicht hat der liebe Gott den so früh geholt, weil er im Himmel ein Genie braucht. Scheiß-krebs. Wer was gegen Krebs erfindet, wird noch reicher als Bezos und Jobs zusammen. Kennen Sie einen, der Ahnung von Krebs hat? Dann geben Sie mir die Nummer. Vielleicht gehe ich in die USA. Was sagen Sie, brauchen die da einen wie mich?

96

WANDERN
Detmold

Ich bin immer in Bewegung. Entweder fahre ich Taxi, oder ich gehe. Besser bekannt als wandern. Ich wandere jeden Tag. Wetter ist mir egal. Ich wandere auch im Dunkeln, ich habe eine Grubenlampe auf dem Kopf. Ich wandere und höre die Geräusche, die der Wind macht, und das Singen der Vögel. Und ich denke nach. Über das Leben. Das Leben war nicht gut zu mir. Ich bin einsam. War immer schon einsam. Ich bin nicht weniger einsam, wenn ich Ihnen sage, warum ich einsam bin. Und Sie müssen dann was sagen, um mich zu trösten. Was mich aber nicht tröstet. Andere Leute sind krank oder haben nur ein Bein. Und ich bin eben einsam. Ich bin sechzig, und ein Drittel der Zeit hatte ich Hofgang. Vielleicht bin ich deshalb immer unterwegs, weil ich zwanzig Jahre lang nur dreißig Meter quer und fünfzig Meter längs gehen konnte. Mehr will ich dazu nicht sagen. Urlaub? Nein, ich wandere nicht im Urlaub. Urlaub habe ich keinen. Ich würde gerne mal Urlaub von der Einsamkeit haben, aber den Ort gibt's ja nicht. Ich mache immer so weiter, bis zum Schluss: Ich fahre Taxi und gehe wandern. Ich habe mich schon gefragt, was ich wohl als Letztes im Leben mache. Taxifahren oder wandern. Ich hoffe wandern.

BUCHEN UND FICHTEN
Witten

Also, ich bin kein richtiger Taxifahrer. Wer wegen Geld Taxi fahren muss, ist arm dran. Ich bezeichne mich als Hobby-fahrer in der zweiten Generation. Wenn andere Väter am Wochenende ins Stadion oder in die Kneipe gingen, fuhr mein Vater Taxi. Der war eigentlich Tierpfleger. Er hatte ja nur die Elefanten und Giraffen zum Reden, und vielleicht wollte er mal ab und zu unter Menschen. Mit meiner Mutter lief es ja nicht. Hobbyfahrer heißt, ich bestimme, wer bei mir mitfährt. Die Beförderungspflicht kann mich mal. Wenn von der Russendisko zwei Typen mal schnell nach Köln wollen, ziehe ich den Kopf ein und bin verschwunden. Und kriege ich an der Kneipe einen liegend angeliefert, dann auch. Ich bin ein Taxi und kein Krankentransporter. Von Beruf bin ich Förster. Jetzt staunen Sie, oder? Ich bin den ganzen Tag drau-ßen, bei jedem Wetter, und halte den Baumbestand im Blick. Ich genieße die Stille im Wald. Und den Geruch. Vor allem, wenn es gerade geregnet hat. Das riecht wunderbar. Aber manchmal muss man unter Menschen. Wahrscheinlich bin ich wie mein Vater: Bei ihm waren es die Elefanten und Gi-raffen, die nichts sagten, und bei mir sind es die Buchen und die Fichten.

BENEHMEN
Bochum

Ich fahr seit vierzig Jahren Taxi, und mir wollten auch schon Besoffskis in den Wagen kotzen. Aber denen halte ich vorne das Hemd auf, und die nehmen das alles mit nach Hause. Aber langsam frag ich mich, was mit den Leuten los ist. Haben die kein Benehmen mehr? Mein Opa war Stahlkocher, der trug in der Stadt ein weißes Hemd, den sollte keiner für einen armen Schlucker halten. Und ich geh auch nicht in der Joggingbuxe auf die Straße. Aber gutes Benehmen, was ist das? Da ist RTL schuld, die zeigen die Proleten beim Komasaufen oder dass die keinen geraden Satz rauskriegen. Nehmen Sie mal den Löw im Vergleich zu Helmut Schön. Der Schön war auch Nationaltrainer, aber glauben Sie, der hätte sich auf der Trainerbank in der Nase gepopelt oder in die Hose gefasst? Und dann sagt der Podolski, man soll sich nicht so anstellen, alle Männer würden sich doch am Sack kratzen. Und alle lachen. Mich hat noch keiner gesehen, wie ich mich öffentlich irgendwo kratze. Sind das Vorbilder? Würde mein Opa heute im Anzug durch die Stadt gehen, würden sich alle nach dem umdrehen, weil er nicht in der Joggingbuxe kommt. So ändern sich die Zeiten.

99

KONDOME
Bielefeld

Was ich nicht verstehe, sind die jungen Leute. Ich war doch auch mal jung, ich hab als Student mit dem Taxi angefangen. Früher musste man in eine Kneipe gehen, um eine Lady klarzumachen. Und heute gehen die ins Internet. Das hat doch nichts mehr mit Gefühlen zu tun. Ich hätte mir als Student auch kein Taxi leisten können. Vor ein paar Wochen steigt ein Pärchen ein, die haben sich im Internet kennengelernt. Das hab ich rausgehört. Waren Studenten. Ruckzuck hat der Typ den Kopf unterm T-Shirt von dem Mädchen und seine Hände noch woanders. Dann soll ich an einem Kondomautomaten halten, sie bräuchten noch was zum Anziehen, sagt er. Das Mädchen lacht, so ganz schrill und dumm, bis die Tränen kommen. Aber man ist ja auch nicht auf den Kopf gefallen, und ich frage den Knaben, ob ich ihm das Ding überziehen soll oder ob er das alleine schafft. Das fanden die wiederum nicht lustig. Wie gesagt, ich verstehe die jungen Leute nicht. Die wollten zu einem Hotel und haben gar nicht gemerkt, dass wir schon da sind. Ich lasse den Motor laufen, als wären wir an der Ampel, die Kleine keucht, und der Taxameter läuft und läuft, und so hatten wir alle was von der Fahrt.

100

FRAUENFUSSBALL
Hamburg

Radio höre ich den ganzen Tag. Ist ja logisch im Taxi. Wäre was für mich gewesen, Radioreporter. Aber ich sollte ja unbedingt die Bäckerei übernehmen. Und was sind wir jetzt? Pleite. Ich höre gerne Fußballreportagen, aber auch Olympia. Ist leider nur alle vier Jahre. Lassen Sie sich mal von einem Radioreporter das Turmspringen erzählen, und Sie glauben, Sie stehen selber da oben auf dem Zehner. Oder Stabhochsprung. Fühlt sich an, als hängt man selber an dem Stab und fliegt in den Himmel. Ich leide mit, wenn der Springer die Latte runterreißt. Wahrscheinlich mag ich Sport, weil ich selber total unsportlich bin. Taxifahren macht arm und übergewichtig. Sehen Sie ja. Zu Hause gucke ich alles, was es an Sport im Fernsehen gibt. Leute, die keinen Sex haben, gucken sich ja auch Pornos an. Sex habe ich übrigens auch keinen. Keinen Sport und keinen Sex. Ich gucke alles bis auf Frauenfußball. Die spielen ja wie in Zeitlupe. Ich habe nichts gegen Frauen. Ich lebe mit meiner Mutter, und sie ist der beste Mensch von allen. Wahrscheinlich ist das frauenfeindlich, wie ich über Frauenfußball rede. Ist mir egal. Mich guckt sowieso keine an, weil ich zu dick bin, bei meiner Mutter wohne und nichts auf der Tasche habe.

101

GRAF LAMBSDORFF
Düsseldorf

Am Flughafen ist immer Monopoly: Mal hat man eine Fahrt bis nach Dortmund, und mal will ein Fahrgast nur bis zum Parkhaus. Taxi ist Glückssache. Ich bin einer der ersten Türken in Deutschland. Ich bin Rentner, aber mein Enkel studiert Zahnmedizin, und ich muss ihm Geld geben für die Miete. Zuerst haben die Deutschen zu mir mit italienischem Akzent geredet: *Wo du herkommen?* Ich war schon da, als Helmut Schmidt Bundeskanzler war. Einmal habe ich Graf Lambsdorff gefahren. Der war Wirtschaftsminister. Der wollte mit Biedenkopf vom Flughafen in die Altstadt. Das waren alles gute Politiker. Warum die Taxi fuhren, weiß ich auch nicht. Die Limousinen und die Polizei fuhren hinterher, die waren unsere Eskorte. In der Altstadt wurden die von Scheel empfangen, der war Präsident. Viele junge Türken würden den Gauck gar nicht erkennen. Die sagen, ihr Präsident ist Erdoğan. Das verstehe ich nicht. Die sind nirgendwo zu Hause. Ich lebe in Deutschland, und Urlaub mache ich in der Türkei. Deutschland liegt ja nicht am Mittelmeer, sonst würde ich ganz hierbleiben. Es gibt kein schöneres Gefühl von Freiheit, als mit dem Boot zu fahren und man sieht kein Land mehr.

102

MEIN SOHN
Dortmund

Waren Sie schon einmal in Bosnien? Ich bin Bosnier. Ich habe Englisch und Serbisch unterrichtet. Als der Krieg kam, sind wir weg. Drei Religionen sind zu viel. Ich halte nichts von Religion. Wo Religion zu groß wird, kommt der Krieg. Vorher waren wir Nachbarn, dann waren wir plötzlich Feinde. Ist so. Wenn Sie mich gefragt hätten, *gibt es morgen Krieg?*, hätte ich gesagt, *nein*. Aber dann war Krieg am nächsten Morgen. Daran muss ich oft denken, dass der Krieg ganz plötzlich kam. Wie Fieber. Über Nacht. Und wir sind dann weg nach Deutschland. Ich liebe Deutschland, ihr habt gute Menschen. Aber meine Frau hatte Heimweh. Und wir sind zurück nach Bosnien. Wir haben ein Haus, und ich war wieder Lehrer. Aber man kann nicht mehr leben in Bosnien. Der Krieg ist vorbei, aber der Hass ist noch da. Die Nachbarn sprechen nicht zusammen. Nach dem Krieg ist wie vor dem Krieg. Mein Sohn hatte Angst und ist nicht aus dem Haus gegangen. Er hat deutsches Fernsehen geguckt und sich Deutsch beigebracht. Dann sind wir wieder hergekommen. Mein Sohn ist glücklich. Er ist der beste Schüler am Gymnasium. Ich fahre Taxi für meinen Jungen. Mein Junge sagt: *Papa, wenn ich groß bin, verdiene ich viel Geld. Und dann musst du nie wieder Taxi fahren.* Ich musste weinen, als mein Sohn das gesagt hat.

BÖSE MÄDCHEN
Frankfurt

Ich fahre schon so lange Taxi. Neunzehn Jahre. Ist nie was passiert. Aber letztes Jahr dann doch. Jetzt habe ich keine Lust mehr. Aber ich muss noch zehn Jahre fahren, dann kriege ich Rente. Deutschland ist gut, aber Türkei ist besser für alte Leute. Ich gehe in das Dorf, wo ich herkomme. Und da sterbe ich. Vorher fahre ich mit dem Boot aufs Meer. Was passiert ist? Zwei Mädchen, achtzehn, neunzehn Jahre, steigen ein, an der Oper. Sie reden nichts. Ich dachte, die haben Angst. Dann soll ich anhalten, ein Mädchen steigt aus und klopft an die Scheibe. Ich denke, sie will was fragen. Ich mache die Scheibe runter und bin blind. Pfefferspray. Tut sehr weh. Das andere Mädchen nimmt mein Geld und Handy. Ist peinlich, von Mädchen überfallen werden. Ich bin ein Mann. Ein Mann will nicht von Mädchen überfallen werden. Auch nicht von Jungs, aber besser als von Mädchen. Ich bin zu Polizei, ich habe nichts gesehen. Aber ich kenne den Weg. Die Polizei hat die Mädchen gesucht, aber nicht gefunden. Ich war fünf Tage in Krankenhaus. Ich dachte, ich bin für immer blind und kann nie wieder mein Dorf und das Meer sehen. Die Polizei hat mir Fotos gezeigt von bösen Mädchen. Waren andere böse Mädchen. Wie können Mädchen so was tun? Mädchen sollen kochen und Kinder kriegen, aber nicht Taxis überfallen.

STÄRKER ALS DER TOD
Leipzig

Ein Freund von mir ist Maler, der hat immer gesagt, *Branko, du bist einer der drei schönsten Männer von Leipzig.* Das war vor meinem Krebs. Ich habe Krebs bekommen, als ich meinen ersten Song geschrieben habe. Ich war glücklich in dem Augenblick, und da ist irgendwas mit meiner Psyche passiert und hat den Krebs gemacht. Mein Song ist besser als die Songs von John Lennon. Würde ich Ihnen gerne vorspielen, aber mein Handy ist kaputt. Die Ärzte haben gesagt, *Branko, Sie haben noch drei Monate,* und ich dachte, dann reicht ja ein gebrauchtes Handy. Das ist jetzt sechs Jahre her. Angeblich bin ich ein Wunder der Natur. Wenn das ein Arzt sagt, müssen Sie ganz schnell weglaufen. Ich bin Serbe, und mein Wille ist stärker als der Tod. Deshalb lebe ich noch. Ich war in der Hölle. Sie haben meinen Kopf aufgeschnitten. Sehen Sie die Narbe? Ich wollte zu meiner Frau *Liebling* sagen, und sie fragt, warum sagst du *Tischdecke* zu mir? Ich habe alle Worte vergessen. Ich wollte mir am Automat Kaffee holen und wusste nicht mehr, dass man eine Tasse drunterstellen muss. Alle haben gelacht, und ich habe geweint. Geben Sie mir Ihre Adresse, und ich schicke Ihnen meine Songs. Ich habe sie auch an Till Schweiger geschickt. Vielleicht will er einen Film machen über einen Mann, der von seinem ersten selbst komponierten Song Krebs bekam.

105

SONNE
Duisburg

Von Afghanistan sind wir nach Birmingham geflüchtet. Da waren wir fünf Jahre und sind dann wegen Verwandtschaft nach Duisburg gezogen. Der größte Unterschied zwischen Deutschland und England ist die Sprache, sonst ist es ähnlich. Ich habe Deutsch und Englisch studiert, ich kann mich überall verständigen. Manchmal möchte ich deutsche Fahrgäste korrigieren, wenn sie falsches Deutsch sprechen. Aber das wäre unhöflich, oder? Viele Deutsche wissen nicht, was in Afghanistan los ist. Sie wissen nicht, dass da deutsche Soldaten gestorben sind für die Freiheit Afghanistans. Über fünfzig waren es. Ohne die deutschen Soldaten wäre meine Familie in Afghanistan wahrscheinlich schon tot. Europa ist gut, mir fehlt nur die Sonne. Ich bin ein Sonnenmensch. Zu Hause haben wir einen richtigen Frühling und Sommer und Herbst und Winter. In Deutschland ist kein großer Unterschied zwischen den Jahreszeiten. Es ist oft nur grau. Die Afghanen sind eigentlich fröhliche Menschen, weil sie viel Sonne haben. Warum es den Hass gibt, weiß ich nicht. Es war genug Sonne für alle da. Ich gehe nicht zurück, ich will leben. Auch wenn es so oft regnet in Deutschland. Meine Sonne sind jetzt meine Kinder.

INLÄNDERBEAUFTRAGTER
Hagen

Ich bin nicht gegen Ausländer. Nicht generell jedenfalls. Ich habe zwei Schwiegersöhne aus Indien. Mehr Ausländer geht ja wohl nicht. Da haben sie keinen Mucks von mir gehört, als meine Töchter mit den Jungs ankamen. Ich hab was gegen Leute, die sich nicht an unsere Gesetze halten. Deutsche Gesetze sind doch nicht nur für Deutsche gemacht, die sind für Deutschland gemacht. Wenn eine Fahrt zu kurz ist, nehmen die Sie gar nicht mit. Scheiß auf die Beförderungspflicht. Das ist denen doch egal. Die fahren über durchgezogene Linien, rote Ampeln, alles egal, Hauptsache Erster am Halteplatz. Wenn man was sagt, ist man ein Nazi und gegen Ausländer. Ich hab auf dem Rathaus angerufen und hatte eine Sekretärin dran; ob ich einen Termin beim Inländerbeauftragten haben könnte, hab ich gesagt. So was hätten sie nicht, hat die gesagt, sie hätten nur Ausländerbeauftragte. Wo ich mich denn dann beschweren könnte wegen Diskriminierung deutscher Taxifahrer, hab ich gefragt und dann hat die Dame aufgelegt. Wenn ich als Deutscher in Istanbul Taxi fahren wollte, schwömme ich nach einer Stunde mit dem Taxi im Bosporus. So läuft das da. Und für die haben wir hier einen Ausländerbeauftragten. Wenn das so weiterläuft, fahre ich bei der nächsten Wahl ganz rechts ran, das können Sie mir glauben.

ZUM HEULEN SCHÖN
Hannover

Wissen Sie, wer da singt? Peter Gabriel. Als Fan würde ich mich nicht bezeichnen. Auch nicht als Taxifahrer. Ich bin ein Mensch. Peter und ich glauben an denselben Gott. Seine Konzerte sind meine Gottesdienste. Ich war auch schon in Paris und in Prag. Ja, mit dem Taxi. Peter begrüßt die Fans in ihren Sprachen. Wie der Papst. Wenn er die Bühne betritt, kommen mir die Tränen. Weil er mich versteht, wie ich ihn verstehe. Er hat auch Therapien gemacht. Da wäre ich gerne dabei gewesen, wie wir alle in der Runde sitzen und uns vorstellen, und er sagt: *Mein Name ist Peter Gabriel, ich bin Rockstar und habe Angstzustände.* Er hat auf Sardinien ein Haus. Da habe ich mal Phil Collins gesehen. Habe ihn am Gang erkannt. Vielleicht irre ich mich aber auch, und er war es gar nicht. Ich war auch schon in Bath, da hat Peter sein Studio. Seine Exfrau hat da eine Praxis für Psychotherapie. Schönes Städtchen. Ich habe eine Woche gewartet, und dann kam Peter ganz bescheiden in einem alten Saab vorgefahren und ging ins Studio. Ich bin hinter dem Zaun geblieben, wollte da nicht stören, er soll endlich sein neues Album fertig machen. Bei den Konzerten singe ich alles mit. Jeden Ton. Nur nicht *Don't give up,* da habe ich einen dicken Kloß im Hals. Manchmal verpasst Peter seine Einsätze, und ich liege richtig. Das ist zum Heulen schön.

108

GEHIRNERSCHÜTTERUNG
Bochum

Sehen Sie diesen Wahnsinnigen da? In dem BMW? Jetzt zieht der rechts vorbei, und dann geht der wieder ganz nach links. Dem ist egal, wenn er einen totfährt. Ich versuche, ruhig zu bleiben. Von Natur aus bin ich eher hitzig. Klappt nicht immer. Habe 'ne Menge Lehrgeld bezahlt. Ach nee, darüber rede ich nicht so gern. Mein Alter hat gesagt, ich wäre mit sauschlechter Laune auf die Welt gekommen. Ich hätte gleich losgeheult und meiner Mutter ins Gesicht gepinkelt. Fand er witzig. Meine Mutter ist abgehauen, als ich zwei war. Die würde ich nicht erkennen, wenn sie hier einsteigt. Wenn man alleine durchkommen muss, hat man eben oft Stress. Schlägereien und so. Ich lasse mir nichts gefallen, von keinem. Sonst wäre ich schon tot. Mich wollte mal einer überfallen. Mit einem Messer. Mit der Hand kann der sich nicht mal mehr am Hintern kratzen. Und ein Mopedfahrer hat mir auf die Scheibe gespuckt. In Duisburg hatte ich den und hab ihm auf den Helm geklopft. Angeblich hatte er eine Gehirnerschütterung. Wie soll das gehen, wenn einer gar kein Gehirn hat? Sechs Monate Fahrverbot. Vater Staat hat mir so lange Arbeitslosengeld gezahlt. Fand ich nobel. Respekt. Kann man glatt mal wieder machen und hat bezahlten Urlaub. Mal sehen. Man wird ja ruhiger mit der Zeit. Warum wollen Sie das eigentlich alles wissen?

109

BLÜHENDE LANDSCHAFTEN
Halle a. d. Saale

In der DDR war ich kein Taxifahrer, da war ich ein Mensch. Ich war bei der Staatssicherheit. Ja, Stasi. Ich war Offizier. Einer der jüngsten. Jetzt staunen Sie, oder? Dass ich das zugebe. Ich wollte, dass unsere DDR in Sicherheit ist. Der Sozialismus ist allen anderen Staatsformen moralisch weit überlegen. Aber gewonnen hat das Geld. Jetzt sehen Sie, was der Scheißkapitalismus anrichtet: Krieg, Terror und eine entsetzliche Armut. Und die Reichen werden immer reicher. Das ist doch vulgär, wie reich manche Leute sind. Bald gehört die Welt drei, vier Tycoons, die halten sich Armeen und verkaufen dem Volk die Luft zum Atmen. Wo sind die blühenden Landschaften denn geblieben? Hier nicht, die sind doch an der Côte'd'Azur oder in Kalifornien. Ich habe keinem aufrichtigen Volksgenossen was angetan, aber Leute kaltgestellt, die unseren Staat kaputtmachen wollten. Es war meine Pflicht, ich bin Soldat. Ja, immer noch. Mir ist auch kein Gewinde am Hals gewachsen, als die Mauer weg war. Sollte die jemals wieder hochgezogen werden, bin ich mit der Maurerkelle dabei. Wir machen die Mauer noch drei Meter höher. Und wir bauen Türen ein für die, die abhauen wollen. Von außen haben die keinen Griff, und dann kommt hier keiner mehr rein, der den Leuten blühende Landschaften verspricht.

DER VORLESER
Düsseldorf

Vielleicht wäre ich besser vor dreihundert Jahren geboren worden. Dann wäre ich in Tunesien und Fischer. Und immer bei meiner Familie. Ich bin ein Familienmensch. Mein Vater ist 1980 nach Deutschland gekommen, ich bin in Düsseldorf geboren. Meine Eltern leben wieder in Zarzis und haben einen schönen Blick aufs Meer. Ich hatte einen guten Job im Büro, aber meine Firma ging pleite. Ich habe drei Kinder, Zwillinge und meinen ältesten Sohn. Meine Eltern sagen, *ihr könnt bei uns wohnen.* Aber wovon sollen wir leben? Meine Frau und ich haben überlegt, was wir machen. Meine Frau ist klug und hat gesagt, *fragen wir die Kinder. – Wollt ihr in Deutschland bleiben?,* haben wir gesagt, und die Babys haben gelacht. Deshalb bleiben wir. Ich habe zweihundert Bewerbungen geschrieben. Bringt nichts. Ich fahre jede Nacht Taxi. Wenn ich morgens nach Hause komme, geht meine Frau putzen. Sie verdient weniger, als ein Parkplatz an der Kö kostet. Wie kann ein Parkplatz mehr wert sein als die Arbeit meiner Frau? Abends um neun fahre ich schnell nach Hause und lese den Kindern vor. Sonst schlafen sie nicht ein. Ich habe Stimmen für den Wolf und die Prinzessin und den Bettler. Manchmal muss ich weinen vor Glück, wenn die Kinder lachen. Was ist schöner als das Lachen von einem Kind? Das Lachen von drei Kindern.

111

WARMER SAND
München

Im Sommer gehe ich zurück nach Marokko. Meine Frau und zwei Kinder sind schon da. Wir haben eine Wohnung gekauft. Zwei Kinder bleiben in Deutschland. Es tut mir sehr weh, aber sie sind mehr Deutsche als Marokkaner. Ich dachte, die Kinder bleiben für immer Marokkaner wie ich. Aber das stimmt nicht. Meine Tochter hat einen deutschen Mann. Im August werde ich Opa. Was soll meine Tochter in Marokko? Traurig bin ich trotzdem. Meine Frau und ich brauchen nicht viel zum Leben dort. Ich gehe weg aus Deutschland, weil mir das Leben hier zu hektisch ist. Alle Leute sind verrückt vor Stress. Ist das der Sinn des Lebens, immer nur gestresst zu sein? Alle sind gestresst wegen Geld. Ich auch. Meine Miete wurde um hundertvierzig Euro erhöht. Dafür muss ich einen Tag mehr arbeiten im Monat. Ich arbeite jetzt schon fast jeden Tag. Wo soll der Tag herkommen? Hat der Monat dann zweiunddreißig Tage? Der Mann, dem das Haus gehört, muss nicht arbeiten. Er hat ja die Miete. Ich verstehe nicht, warum Angela Merkel erlaubt, dass die Menschen ihr ganzes Geld für die Miete ausgeben. In Marokko ist das Leben ruhiger. Wir gehen mit Freunden an den Strand und lachen und essen und trinken. Ich freue mich auf den Sonnenuntergang. Und man kann die Füße in den warmen Sand stecken und köstliche Melonen essen. Schade nur, dass meine Kinder nicht mitkommen.

AUSSENMINISTER
Nürnberg

Ich sage nicht, dass viele Deutsche Nazis sind. Die meisten Deutschen sind gute Leute. Ich habe eine dunkle Haut, ich bin aus Algerien, aber wenn ich sehe, dass die Leute betrunken sind oder Fußballfans, dann halte ich nicht an. Ich hatte mal Fußballfans von Dresden im Wagen, die haben gesagt, fahr uns mal nach Auschwitz, da ist schon der Ofen an für dich. Das hat mich sehr verletzt. Aber ich konnte nichts sagen, ich hatte Angst. Die Nazis haben so viel Hass. Ich weiß nicht, wo der Hass herkommt. Es gibt auch Nazis, die ganz normal aussehen. Denen sieht man das nicht an. Auch Frauen. Ich bin mal zu einer Frau gefahren, die hat gesagt, sie fährt mit keinem Islamisten. Manchmal fragen Leute, wann ich zurückgehe in meine Heimat. *Meine Heimat ist Nürnberg*, sage ich dann. *Deine Heimat ist die Wüste*, hat mal einer zu mir gesagt. Der sah gar nicht aus wie ein Nazi, der trug einen feinen Anzug und wollte zur Universität. Er hat mich gefragt, ob ich wüsste, wie der deutsche Außenminister heißt. Ich habe ihn gefragt, ob er weiß, wie der algerische Präsident heißt. Da ist er sehr wütend geworden, und ich sollte anhalten, und er hat gesagt, ich soll auf einem Kamel reiten, aber nicht ein deutsches Taxi fahren. Da habe ich gesagt, das Taxi ist aus Japan, das weiß auch nicht, wie der deutsche Außenminister heißt.

DIE RUSSISCHE SEELE
Berlin

Ich war Feuerwehrmann in Tomsk. Das Wasser friert im Schlauch, die Hydranten muss man mit dem Flammenwerfer auftauen. Sibirien ist kein Land für Menschen. Zu kalt. Wenn ich meine Kinder erschrecken will, sage ich, *wir gehen nach Sibirien*. Dann kriegen sie Angst, und ich lache. Ich war als Soldat in der DDR. Wir durften nie aus der Kaserne raus. Die Armee hatte Angst, wir hauen ab. Ich war Fahrer und bin oft rumgefahren in der DDR. Die russische Seele ist den Deutschen näher, als sie selber glauben. Die Deutschen denken, sie sind wie die Amerikaner. Stimmt nicht. Die Amerikaner sind die Meister der Lüge. Bei den Amis ist alles Werbung. Und Werbung ist Lüge. Jedes Wort von Obama ist Werbung, nicht Politik. Ich sehe deutsches und russisches Fernsehen. Deutsches Fernsehen macht Werbung für die Nazis in der Ukraine, und russisches Fernsehen macht Werbung für Putin. Jelzin gefiel den Deutschen und den Amis besser als Putin. Sie haben Jelzin Schnaps gegeben, und er hat getan, was der Westen wollte. Putin trinkt keinen Schnaps und tut nicht, was der Westen will. Frau Merkel kann Putin nicht ausstehen, weil er ein richtiger Mann ist. Er kämpft mit dem Tiger. Frau Merkel hat lieber Männer, die keine richtigen Männer sind. Ich hoffe, Putin bleibt noch lange Chef in Moskau. Und ich bleibe Taxifahrer in Berlin.

114

TÖCHTER
Bielefeld

Ich komme aus Marokko und bin dreißig Jahre hier. Aber ich verstehe die deutschen Väter nicht. Was sie ihren Töchtern erlauben. Ich habe zwei Töchter. Sie sagen, *Papa, gib nicht so an mit deinen Töchtern.* Sie sind beide sehr schön. Sie wollen Tierärztinnen werden und eine Praxis aufmachen. Sie sind sehr schlau. Vielleicht muss ich dann nicht mehr Taxi fahren, wenn sie viel Geld verdienen. Sie waren in der Theatergruppe. Sie haben *Das doppelte Lottchen* gespielt. Die Leute haben gelacht, bis sie weinen mussten. Oft habe ich junge Mädchen im Auto. Vierzehn oder fünfzehn Jahre alt. Sie kommen aus der Disco und sind betrunken. Sie setzen sich nach hinten und schlafen ein. Ich kann sie nicht wach rütteln, ich darf keine Mädchen anfassen. Ich drehe das Radio laut oder belle wie ein Hund. Manche Mädchen werden trotzdem nicht wach. Dann rufe ich die Polizei, und die Polizei trägt die Mädchen nach Hause. Wieso dürfen die jungen Mädchen nachts in die Stadt und Alkohol trinken? Was haben die für Eltern? Was ist mit den deutschen Mädchen los? Ein Mädchen muss sich gut benehmen. Meine Töchter sind auch fröhliche Mädchen. Sie haben viele Freunde und Handys und Facebook. Aber sie trinken keinen Alkohol. Sie hören auf ihren Vater. Sie sind einundzwanzig Jahre alt und waren noch nie betrunken. Was sagen Sie: Ist das schlecht?

115

DDR
Berlin

Der Westdeutsche geht davon aus, dass alle im Osten säch-
seln. Dass man in Schwerin Norddeutsch spricht, weiß kaum
einer. Bis zur Wende war ich Altenpfleger, und das hätte ich
auch bleiben können. Altenpfleger werden ja in der BRD in-
tensiver gesucht als Steuerbetrüger. Aber im Alter wird der
Mensch seiner Würde verlustig. Selbst im real existierenden
Sozialismus. Er kriegt Windeln und wird gefüttert, und das
Gehirn wird zu einem Klumpen Matsch. Konnte ich nicht
mehr sehen, und so kam ich aufs Taxi. In der DDR hatten wir
nicht die westdeutsche Ellbogenmentalität. Mein Vater war
Pfarrer. Strenger als der Staat. Mädchen durfte ich nur zu Kaffee und Rhabarberkuchen mitbringen. Es ist mir ein Rätsel,
wie meine Eltern vier Kinder zeugen konnten. Meine jüngste
Schwester war eine glühende Verehrerin der DDR. Sie wollte
über Rosa Luxemburg promovieren, und wahrscheinlich
wäre sie heute ein hohes Tier in irgendeinem Ministerium in
Ostberlin. Aber sie kam nicht klar, plötzlich das Gegenteil
von dem zu denken, woran sie ihr Leben lang geglaubt hatte.
Ein Röhrchen Schlaftabletten, das war's. Andere haben den
Hals einmal um die eigene Achse gedreht und waren plötzlich Wessis. Viele von euch können sich nicht vorstellen, dass
jemand die DDR heute noch gut findet. Jetzt haben Sie einen
getroffen.

DAS SCHÖNSTE LAND DER WELT
Frankfurt

Ohne den Unfall wäre ich vielleicht nie von Sizilien weggegangen. Ich war sechzehn und wurde zu meiner Tante
nach Offenbach gebracht. Jetzt bin ich sechzig. Ich konnte
kein Deutsch, ich hatte keine Winterjacke, nur Sandalen,
und habe furchtbar gefroren. Meine lieben Eltern wollten
mit der Vespa zu einer Hochzeit fahren. Man hat sie auf der
Landstraße gefunden. Sie waren schön angezogen und tot.
Da lag eine Lampe von einem Lastwagen, aber sonst nichts.
Der Fahrer ist abgehauen, und meine Eltern sind verblutet.
Vielleicht habe ich dem Kerl schon die Hand geschüttelt und
weiß es nicht. Mir ging es gut in Deutschland. In Sizilien
hätte ich noch viel öfter an meine lieben Eltern gedacht. Ich
habe ein Haus in Frankfurt und ein Haus in Modica. Da
wohnt meine Schwester. Zweimal im Jahr besuche ich sie,
und manchmal fehlen mir die italienischen Worte. *Hast du
unsere Sprache verloren?*, sagt sie. Und ich sage: *Aber ich habe
eine andere Sprache gewonnen.* Für mich ist Deutschland das
schönste Land der Welt. Ich habe viele Reisen gemacht mit
meiner Frau, und kein Land hat so viel Abwechslung wie
Deutschland: die Alpen, die Nordsee, der Schwarzwald, der
Bodensee und schöne große Städte wie Hamburg oder München. Ach, das Wetter ist mir egal: Bei Regen fahren mehr
Leute Taxi als bei Sonne, so sehe ich das.

117

MATROSE
Bremen

Früher dachte ich, mit dem Alter werde ich ruhiger. Nö, ich werde nur noch wütender. Ich bin fünfundfünfzig und fahre seit dreißig Jahren Taxi. Meinem Chef ist der Mindestlohn zu hoch. Vielleicht entlässt er mich bald. Dann kriege ich eben Stütze. Passt doch. Ich erwarte vom Leben sowieso nichts anderes als Ungerechtigkeit. Ich bin Antiimperialist. Die Amerikaner haben alle gleichgeschaltet mit ihrer Hollywoodsülze und ihrer Drecks-Cola. Ich wollte mal nach Albanien auswandern, weil die für Mao waren. Aber die Chinesen und die Albaner hat der Amerikaner auch kleingekriegt. Angeblich kämpfen die USA gegen Drogen, mästen aber gleichzeitig die Menschheit mit Cola und Big Macs. Wissen Sie, warum die nicht mit Heroin dealen? Weil sie bei den Cola-Säufern und Hamburger-Fressern mehr Kohle verdienen, dauert ja länger als bei Heroin, bis man krepiert. Ja, ich habe Wut. Auch auf Leute, die für fünf Euro fahren, wenn ich zwei Stunden am Bahnhof gewartet habe. Ich könnte auf einem Ausflugsdampfer als Matrose anheuern. Ich wäre der erste antiimperialistische Matrose auf der Weser. *Aus dir hätte mehr werden können*, hat meine Mutter gesagt, als sie starb. Das hängt in meiner Birne fest wie Kaugummi. Ich könnte mein Studium zu Ende machen und dann noch den Doktor dranhängen. Und danach direkt in Rente. Ist doch besser als Matrose, oder?

FC ST. PAULI
Hamburg

Ja, bin Pauli-Fan. Bevor Sie fragen: Ja, wir schlafen auch in Pauli-Bettwäsche. Obwohl meine Frau Werder-Fan ist. Sie liebt mich eben. Mein Junge soll was Besseres werden als Taxifahrer. Am liebsten Profi bei St. Pauli. Er ist sieben, wir gehen bei jedem Wetter auf den Platz, und vor dem Einschlafen lese ich ihm Fußballbücher vor. Mir will nichts Schöneres in den Kopf, als neben dem Präsidenten auf der VIP-Tribüne sitzen, und mein Junge spielt in der Ersten und macht mit Fallrückzieher ein richtig geiles Tor. Wenn er gut genug ist, geht er zu ManU oder Real. Nur nicht zum HSV. Dann ist er nicht mehr mein Sohn. Gestern stieg einer von denen bei mir ein, sieht meinen Pauli-Becher und steigt gleich wieder aus. Ich würd's genauso machen. Winkt einer an der Straße mit dem falschen Schal, fahre ich durch und nehm möglichst noch 'ne Pfütze mit. Jeder muss Opfer bringen für seinen Klub. In den Verein wird man reingeboren, wie man katholisch wird. Wenn unser Lied kommt, fange ich an zu flennen. Das ist deine Religion, und da läufst du auch nicht zu den Moslems über. Ich verstehe auch nicht, warum ein Malocher zum HSV geht. Das ist doch wie FDP wählen. Da unten ist das Stadion von den anderen. Die Hölle von Hamburg. Ich zieh Ihnen einen Euro ab, weil ich einen Umweg fahre, aber ich halte zur Hölle möglichst viel Abstand.

119

SPREEWALD
Cottbus

Die meisten Leute reden zu viel. *Sage nur Dinge, die klüger sind als zu schweigen.* Das ist mein Motto. Was ich alles höre von Krankheiten und Scheidungen und Urlaub. Taxifahrer reden auch viel. Das liegt an der Warterei. Drei Tage am Halteplatz, und Sie erzählen jedem Ihr Leben. Ich komme aus Lübbenau im Spreewald. Ihr im Westen hattet eure dämlichen Popstars, und ich hatte einen Kahn. Da war ich oft mit meiner Damaligen unterwegs. Wir haben zu den Sternen gesehen und geschwiegen. Wir haben den Tieren zugehört. Das war die schönste Musik. Haben Sie schon einmal gehört, wie ein Karpfen Luft holt? Und wie laut das ist, wenn ein Frosch ins Wasser springt? Das war eine gute Zeit. Schön ruhig. Es fuhren ja auch kaum Autos bei uns. Angeblich waren ja alle unglücklich, weil sie hundert Jahre auf einen Trabbi warten mussten. Also ich nicht. Ich hatte ein Fahrrad und meinen Kahn. Das Wort Stress habe ich zum ersten Mal nach der Wende gehört. Und Arbeitslosigkeit habt ihr auch aus dem Westen eingeschleppt. Meine Zukunft? Die habe ich auf dem Friedhof. Wie alle. Meine Mutter ist siebenundneunzig und hat ein Häuschen in Lübbenau. Wenn sie das Zeitliche segnet, ziehe ich da ein und schippere mit dem Kahn im Spreewald rum; ich sehe mir die Sterne an und höre den Eulen und den Fröschen zu. Das ist meine Zukunft.

SARDE
Frankfurt

Nein, ich bin kein Barde. Ich bin Sarde. Sardinien, verstehen Sie? Was soll ein Barde sein? Ein Sänger? Nein, ein Sänger bin ich nicht. Ich bin Taxifahrer seit siebzehn Jahren. Meine Mutter sagte, *du bist am schönsten Ort der Welt geboren*. Wenn ich daran denke, kriege ich Schmerzen im Herz. Wir sind mit dem Auto hergekommen, mein Vater, meine Mutter und ich. Wir wollten drei oder vier Jahre bleiben. Bald sind es fünfundvierzig Jahre. Barde. Merkwürdig, dieses Wort habe ich noch nie gehört. Mein Vater hat einen Lastwagen gefahren und jeden Tag fünfzig Zigaretten geraucht, bis seine Lunge schwarz war wie die Nacht über Sardinien. Wir haben ihn in Martis beerdigt, das war sein letzter Wunsch. Ich will auch auf Sardinien beerdigt werden. Und vorher noch da leben. Aber meine Frau sagt Nein. Meine Frau ist aus Polen. Und unsere Kinder sind aus Deutschland. *Ich will da sein, wo meine Kinder sind*, sagt meine Frau. Wahrscheinlich bleiben wir also für immer in Frankfurt. *Dann will ich wenigstens auf Sardinien beerdigt werden*, habe ich zu meiner Frau gesagt. *Willst du nicht mehr mit mir zusammen sein, wenn wir tot sind?*, hat meine Frau gesagt. Was soll ich machen? Nicht mal als Leiche darf ich nach Sardinien. *Dann beerdigt mich eben in Frankfurt*, habe ich zu meiner Frau gesagt, *aber dreht den Sarg so, dass ich Sardinien sehe.*